中国农业经济学博士论丛

农村劳动力再生产成本研究

● 黄映晖　张正河　著

山西经济出版社

内容提要

加入WTO以后,国际市场竞争日益激烈,产品是否具有低廉的价格和优良的品质,成为竞争的关键。作为一种重要的生产要素,劳动力价格对产品价格有着重要影响,而劳动力的价格又是由其成本和供求关系共同决定的。随着城市化的发展,越来越多的农村劳动力进城务工,对农村劳动力再生产的成本进行研究,能够为合理确定劳动者报酬提供理论上的依据。并且从人力资本的角度看,劳动力再生产过程中所花费的成本可以看做对孩子质量的一种投资,早期投入的多少将对成年后劳动者素质的高低产生重大的意义。通过对孩子投资总量和构成的动态分析,能够准确地把握孩子质量的变动情况和现时水平。此外,对农户而言,培育新生劳动力的过程,也就是家庭抚养孩子的过程,孩子抚养成本的高低还直接关系着家庭对孩子的需求,从而影响社会生育率的变化。

基于此,本书以农村劳动力再生产成本作为研究对象,对其在1983～2003年间的变化进行实证分析,识别影响孩子质量的因素,并对观察到的现象做出经济解释。同时,结合城市化的历史背景，阐述农村劳动力再生产成本的变化带来的影响和意义，进而提出一系列相关的政策建议，以改善对农村孩子的投资状况，提高农村人口质量，这对于改变农村贫穷落后面貌，缩小城乡差距，加快城乡统筹有着重要意义。

通过研究，我们得出结论，经过改革以来20多年的发展，农村劳动力再生产成本的总量有了大幅度提高，但同城市相比，投资水平仍比较低。从结构上看，生活费用在总成本中所占比重明显下降，文教娱乐费用、医疗保健费用和工时费用三者的比重呈现不同程度的上升趋势，孩子抚养方式得以优化。此外，农村劳动力再生产成本的变动还对劳动力的价格、农村人力资本的积累和农户生育率产生重要的影响。农村劳动力的低成本和劳动力市场的供过于求是导致农民工低工资的主要原因。劳动力价格低廉又会抑制对劳动者自身及下一代的人力资本投资，这将对未来劳动者的素质产生极为不利的影响。另外，孩子养育成本的提高对农户生育率的下降产生一定的刺激作用。因此，为了提升劳动力价值，增强农村人力资本积累，必须加大劳动力培育的成本，这也有助于降低农村生育率，最终实现经济的发展和社会的进步。

本研究的特色在于对农村改革以来，劳动力再生产成本近20年间的变化进行实证研究，不但分析了成本的总量变化，还对构成劳动力再生产成本的各项进行细化，深入研究各部分结构的变动趋势。除此之外，我们将劳动力再生产成本、儿童人力资本投资与孩子抚养费用三者统一起来进行研究，在考察再生产劳动力的成本时，除了分析它对生育率的影响之外，还使其与劳动力的价格和人力资本的积累相联系，并以劳动力成本为核心，在劳动力价值、人力资本和生育率三者之间建立了一种联系，以求得在思路上有所创新。

Abstract

Since China entered the WTO, it has faced more and more severe competition. The key of competition is if our production has low price and good quality. As a crucial factor of production, the price of labor has important effect on that of production. And the price of labor is decided on its cost and the relation of supply and demand. As the developing of urbanization, more and more rural labor works in cities. So that we study on reproduction cost of rural labor can bring academic attestation to ascertain the price of labor rationally. From the point of view of human capital, reproduction cost of labor may be looked as investment in quality of child, and magnitude of investment will influence quality of manhood greatly. By analyzing on the gross and makeup of investment in rural child, we can correctly grasp complexion of quality of them. Furthermore, the course of fostering underage labor is that of bringing up child for a family, so quantity of cost of child directly connects with the demand of it, and thus it relates to the rate of bearing in society.

Taking reproduction cost of rural labor as object, the paper analyzes change of it in 1983 – 2003, identifies some kinds of factors that affect on it, and gives economic answer. Meantime, concerning the background of urbanization, the paper expatiates on effect brought by change of reproduction cost of rural labor, and puts forward some piece of countermeasure, in order to improve the investment on rural child, and advance quality of rural population. The signality is it can remodel uncultured visage in country, lessen disparity between urban and country, and quicken planning them as a whole.

The basic research conclusion of this paper is: Since the reform policy was carried out in country, the gross of reproduction cost of rural labor has greatly heightened. But it is lower when compared to that of townie. The proportion of maintenance to the total cost has decreased, but those of educational expenditure, medical expenditure and opportunity cost håve ascended respectively, as a result, the way of fostering child has been optimized. In addition, the change of cost has engendered concernful effect on price of labor, human capital and rate of bearing in country. We find two reasons that cause lowness of price of rural labor: One is reproduction cost of them is too low; the other is that supply exceeds demand in labor market. Consequently the positivity of investment on human capital will be restrained, and it will impact on quality of labor negatively. Moreover, the increase of cost of child has promoted drop of rate of bearing. Therefore, for the sake of heightening value of labor and boosting up human capital, reproduction cost of rural labor should be enhanced. It will also conduce to play down rate of bearing in country, and the developing of economy and advance of society will come true ultimately.

The characteristic of the paper consists in demonstrational analyse on reproduction cost of rural labor for twenty years since the reform in country. We study the change of the gross and structure of cost in detail, and find their developing trend. Furthermore, reproduction cost of labor, investment on human capital and expenditure of bearing child are unified in the paper, so there is connection among worth of labor, human capital and rate of bearing. The kernel of them is reproduction cost of labor. These are the innovations of the paper.

目录

图表目录

1 导论

1.1 问题的提出

1.1.1 研究背景

加入 WTO 以后，国际市场竞争日益激烈，产品是否具有低廉的价格和优良的品质，成为竞争的关键。产品价格和生产要素的价格是息息相关的，而生产要素的价格又是由其成本和供求关系共同决定的。土地、资金和劳动力是农业生产经营的三大传统要素，在已有文献中许多学者针对土地和资金的成本及价值做了大量的研究,但就劳动力的生产成本所做研究并不多见。

本书选取农村劳动力再生产成本作为研究对象,主要基于以下几方面的考虑:

(1)劳动力的价格受其成本和供求关系的共同作用,影响着产品的价格。市场经济高效率的分工原则,必然加剧生产要素在产业间的流动;生产要素在产业部门的重新分配,必然带来其在地域间的重新组合(张正河 2001)。劳动力作为一种重要的生产要素,必将会实现在城乡间的自由流动,这也顺应了中国城市化发展的客观要求。农村劳动力的流动通过对其再生产成本和供求关系的影响从而影响着整个劳动力市场的价格,进而对工、农业产品及服务业的价格产生影响。

劳动力的生产成本和价格间的这种联系在农业生产上表现得更为明显。目前,中国农村经济发展还比较落后,在计算农业生产成本时,为了在农业收益分配上保证农村居民的温饱水平,农业劳动力费用即其报酬水平的计量,依据的是每一劳动力负担人口所需平均年生活费用水平,即农业劳动力的报酬要受到农业劳动力负担人口数以及所负担人口的生活费用支出两者的影响。虽然随着农户家庭规模的缩小,农村平均每一劳动力负担人口指标是下降的,但从实际情况来看,家庭中未成年劳动力是主要的负担来源,把他们培养为具有正常劳动能力的劳动者所需要的费用支出是呈上升趋势的。如果这一费用水平的上升幅度远远超过负担人口指标的下降速度,将推动农业劳动力价格明显上升。可以说,农村劳动力作为农业生产必不可少的要素之一,其成本大小决定着农产品的价格高低。

而当前情况是,劳动力成本的计量研究结果差别很大,尚未出现能被广泛接受的结论(辛毅 2003)。在这种情况下,对农村劳动力的成本进行研究显得尤为重要。

(2)城市化进程的加快,对农村劳动力的素质提出了新的要求。在中国,农村劳动力是劳动力市场的主要供给者。按照中国城市化的发展目标,到 2050 年,城市化率应达到 70%(邱晓华 2003)。届时,将有一大半的农村劳动力转移到城市,分布在建筑业、制造业、服务业等各个部门,劳动力素质的高低,将对这些部门的生产产生巨大的影响。

一个国家未来的发展潜力来源于新增人口的质量,而新增人口的质量,又取决于培育孩子的成本支出或人均投资。过去,在农村所谓"多加一瓢水,就能多养一个娃"的粗放型抚养方式是和低下的农业生产水平相联系的,以手工为主的农业生产本身不需要新增劳动力接受过多的教育和技能培训。然而随着经济的不断发展,社会生产方式发生了极大的变化,相应地也对新生劳动力的质量提出更高的要求。要培育出能够适应现代社会需要的新生劳动力,一方面要增加每个孩子的投资总量;另一方面,还要优化养育孩子过程中的投资结构,特别是加大对孩子文化教育、医疗保健的投入。通过对孩子投资总量和构成的动态分析,能够间接地把握孩子质量的时期变动和现时水平,识别影响孩子质量的因素,进而提出相应的建议以改善孩子的抚养方式,提高我国人口质量,以适应现代化对高质量劳动力的需要(叶文振 1998)。

(3)对农户而言,培育新生劳动力的过程,也就是家庭抚养孩子的过程。孩子抚养成本的高低直接关系着家庭对孩子的需求,从而引起社会生育率的变化。现代社会经济的发展必须要与控制人口增长、降低人口出生率相结合。从 20 世纪 70 年代末我国开始实行计划生育政策以来,人口总量已得到了一定的控制,但资源短缺、环境恶化等问题并未得到明显改善,人口问题仍然是经济社会发展的一个制约因素。人口过剩,尤其是农村人口数量多、质量低的现实要求必须严格控制人口出生率。从实际情况来看,农户的生育意愿与政府要求的生育水平仍存在一定的差距。如何解决这一矛盾,成为经济学家和社会学家广泛关注的焦点。提高孩子的抚养成本,降低孩子的养老效用,可以减少人们的生育意愿,这一观点已为人们所接受。系统地研究农村孩子的抚养成本,以此把握农户家庭对孩子的需求状况,有助于农村计划生育工作的开展,并达到降低社会生育率的目的。

因此,本书以农村劳动力再生产成本作为研究的核心内容,对其在1983~2003年间的变化进行实证分析,并对观察到的现象做出经济解释。同时,结合城市化的历史背景,阐述农村劳动力再生产成本的变化带来的影响和意义,提出一些相关的政策建议。

1.1.2 研究意义

本书的研究在理论和实践上都具有十分重要的意义。

理论意义:

(1)劳动价值论认为,劳动者的价值是由其生产和再生产成本决定的。而劳动者的价格,即工资,又是价值的表现形式,因此劳动力的价格与成本间有着十分密切的联系。随着城市化的发展,越来越多的农村劳动力进城务工,对农村劳动力再生产的成本进行研究,能够为合理确定劳动者报酬提供理论上的依据,并对探索农村生产要素的成本与价格间的关系有所启示。

(2)劳动力再生产成本包括生活费用、医疗保健费用、文教娱乐费用、工时费用等几项内容。在不同时期、不同地区,构成总成本的各部分在数额和比重上是存在一定差异的,这种变动趋势可以反映出农户在某个时期的消费需求。所以说,分析孩子成本构成的变化能够为调整相关的产业结构或发展新产业提供经济信息,具有经济决策的参考价值。同时,对于启动农村消费市场,繁荣农村经济也有着重要意义。

(3)孩子抚养费用的高低是家庭进行生育决策时要考虑的一个重要因素。随着孩子养育成本的大幅度上升,更多的家庭选择减少生育,这将有利于促进人们的生育模式向着现代化方向转变。另外,从整个社会来看,人口再生产的类型对物质再生产有着重要的影响,进而关系到整个国民经济发展的进程。因而研究农村劳动力的抚养成本,还能够为政府制定人口政策提供依据,促进计划生育工作的开展,具有人口学和社会学上的意义。

实践意义:

(1)劳动力再生产过程中所花费的成本可以看做对提高孩子质量的一种投资,早期投入的多少将对成年后劳动者素质的高低产生重大的意义。从已有资料来看,人力资本方面的研究多是关于现存劳动者的,针对未成年劳动力的研究较少。因此本书分析未成年人人力资本投资的总量水平和结构变化,对于农村人力资本投资的实证研究是一个有益的补充。

(2)通过对城乡劳动力再生产成本进行比较,可以发现,当前我国农村劳动力培育成本仍然很低。农村未成年人力资本投资水平低将对农村经济的发展产生阻碍作用。为此,本书提出一系列政策建议,以改善对农村孩子的投资状况,这对于改变农村贫穷落后面貌、缩小城乡差距、加快城乡统筹有着重要意义。

1.2

研究对象的界定

一个人从出生到成长为生产者,并为社会创造财富,必须经历一个抚育和训练的过程,通过消费社会提供的产品和财富,才能为自己准备健康素质条件、文化条件和劳动技能条件，才能成长为符合社会需要的劳动者。因此，劳动力资源生存和繁衍是需要一定费用的，也就是说必须对他进行一定的投资，即人口投资。这种投资同物质生产资料的生产和再生产所耗用的生产资料的支出费用一样，属于生产性支出性质。

从经济范畴来研究人口投资的概念，大致有三种理解（张纯元 1983）：

一是从人口增长与国民收入中用于投资部分的关系来确定人口投资的定义。不少学者主张，国民收入中用于投资的部分应区别为两类性质不同的投资，即应分为人口投资和经济投资。所谓人口投资是指国民收入中用于为保证不致因人口增长而降低人民生活水平的投资；所谓经济投资是指国民收入中用于为提高平均每人国民收入所用的投资。两种投资的效果都表现为国民收入量的一定增长，只是性质不同而已。

二是从人作为生产者这一经济范畴来理解人口投资，这里又有狭义和广义之分。所谓狭义是指劳动力再生产所需要的费用支出之和，也就是一个人成长为劳动力所需要的生活费用、教育费用、医疗费用等支出之和。所谓广义，则不仅包括劳动力再生产费用，还包括就业装置费用，因为要发挥生产者的作用还必须使他拥有一定数量和质量的生产资料。

三是从简单劳动力培养成为熟练劳动力所需要的费用来理解人口投资，或者说是为开发人的智力资源而进行的投资，在经济学中把这种人口投资通常称为智力投资。它所包含的费用支出比劳动力再生产费用面要窄。

本书研究的劳动力再生产成本，是从上述第二种观点来理解的狭义人口投资。而劳动力再生产成本的内容，又可分为两种方法来研究：一是从家庭——人口再生产基层单位的微观角度来研究；另一个是从全社会的宏观角度来研究。两种不同的观点决定了劳动力再生产成本核算的内容不同。从微观角度考虑,范围窄,因它所考虑的只是家庭为把自己的子女培养成有用的劳动者所必须支出的费用。从宏观角度观察,范围较为宽泛,它包括劳动力再生产过程中支付的全部费用,不论它是家庭支出还是社会支出,因为这些都是培养一个劳动者所必需的费用。由于在再生产劳动力的过程中,家庭是最主要的投资者和最直接的受益者,因此,我们在研究中只考虑家庭对劳动力再生产的投资,而忽略社会为此所投入的费用。

家庭人口投资指家庭支付的子女培育费,它是从微观角度研究人口投资问题,有狭义和广义之分。狭义家庭人口投资是指从母亲怀孕起到把婴儿培养成为具有劳动能力的正常人为止纯由家庭支出的一切费用。广义家庭人口投资是指从母亲怀孕起到这个人死亡为止的一生中由家庭所支出的一切费用(张纯元 1983)。由于狭义人口投资对家庭状况有非常直接的影响,经济学家和人口学家都十分重视狭义家庭人口投资的研究,因此,本书选取劳动力再生产过程中的狭义家庭人口投资作为研究对象。

1.2.1 有关概念的界定

本研究所定义的农村劳动力再生产成本,是指在农村,从母亲怀孕起到把婴儿培养成为具有劳动能力的正常人(16 周岁)为止纯由家庭支出的一切费用,既包括直接的货币支出,也包括因抚育子女的时间消耗而带来的机会成本。它主要由生活费用、医疗保健费用、文教娱乐费用、工时费用、婴儿夭折均摊费用等五个部分构成。其中:

(1)生活费用,主要指孩子从出生到 16 周岁抚养过程的吃、穿、用、住、烧、交通等费用(包括孕期营养费等)。

(2)医疗保健费用,主要指孩子从出生到 16 岁抚养过程中由家庭支出的医疗保健费用(包括孕期检查费及生育费)。

(3)文教娱乐费用,主要指为培养一个具有社会平均水平的劳动力必须受到的普通文化教育和职业技术教育而由家庭支出的那部分费用(包括其他文化、娱乐活动的费用)。

(4)工时费用,主要指母亲从怀孕到把孩子养育成人损失的工时所折算的费用(包括他人抚育孩子的机会成本)。

(5)婴儿夭折均摊费用,主要指在把孩子抚养成人以前死亡者培育费用应均摊到存活者身上的那一部分。

1.2.2 相关说明

(1)从人力资本理论来看,人力资本的度量有两个角度:一是从人力资本的产出角度度量;二是从人力资本的直接投入角度度量。本研究选取人力资本的直接投入角度,对农村劳动力再生产的成本进行研究,不考虑人力资本产出的度量。

(2)人力资本的投资包括两个方面:一是人力资本的现有存量,即人力资本积累的状况;二是人力资本的流量,即人力资本投资与形成的状况,它构成人力资本积累的基础。农村劳动力再生产可以看做未来农村劳动力形成的一个过程。向农村潜在的劳动力进行投资,可以为增强将来农村人力资本的存量奠定基础。本书是通过人力资本的流量变化情况来研究农村人力资本的投资与形成过程的,而对于现有劳动者的人力资本存量不作研究。

(3)刘铮(1984)认为,劳动力再生产费用的基本内容包括以下三项:①维持和恢复劳动者本人在劳动中消耗的体力和精力的必要产品费用。②劳动者掌握和熟悉以现代科学技术为基础的劳动技能的费用。③第二代劳动力再生产的费用,也就是维持社会劳动力不断更新的费用。本研究将范围限定在第三部分,即只包括第二代劳动力再生产的费用,不包括对现有劳动者自身的投资。

(4)中国的农村改革始于20世纪70年代末、80年代初。有研究指出,到1983年底,除个别地方外,全国农村普遍推行了家庭联产承包责任制。随着这一制度的实行和人民公社的解体,农村教育和医疗卫生服务体系也发生了较大的变化(彭代彦 2003)。因此,本书选取1983年作为研究的起点,深入分析农村改革以来的20年间劳动力再生产成本的变动。

(5)劳动力再生产费用水平高低,与劳动力再生产周期长短有直接依存关系。这一周期长度固然有生理因素的作用,但也有社会经济因素的作用。本书所说的劳动力再生产,既不是指妇女自怀孕到分娩胎儿这个生理周期,也不是就两代人的间隔而言的,它是从经济学角度讲的,是由生产力发展水平和生产关系的性质决定的。目前学术界一般都把母亲怀孕定为孩子成本核算的起点,所以本书也把母亲在孕期所额外支出的各项费用计入孩子的成本。而关于孩子成本核算的终点,西方国家一般算到孩子18周岁。但在我国由于孩子年满16周岁就达到法定就业年龄,可以进入劳动力市场就业。而且从孩子7周岁开始上学,到完成九年义务教育,正好是16周岁。加之,以往的研究中大多也是以16周岁作为研究的末期,所以本书把孩子成本核算的终点定在16周岁。虽然孩子在16周岁以后仍需家庭继续为其支付生活、学习等各种费用,且在不同地区、不同时期、甚至不同孩子这一时点可能不尽相同,但为了保持研究的一致性,本书也把16周岁作为研究的终点。

(6)并不是所有出生的婴儿都能活到有劳动能力的年龄,存活到有劳动能力年龄的人数,除决定于出生婴儿数外,还决定于婴儿死亡率和未成年前的各年龄死亡率水平。社会和家庭为抚养这批达到劳动年龄之前就死去的儿童也支出了费用;死亡率越高,这笔费用越大,意味着社会和家庭在劳动力再生产费用上损失越大。从理论上说,不论从微观还是从宏观的角度观察,这笔费用都应计入存活的儿童抚育费用中。但本研究受资料所限,对婴儿夭折均摊费用忽略不计。

1.3

研究现状与文献评论

1.3.1 有关基础理论评述

(1)人口再生产理论。“两种生产”的概念,即物质资料生产和人类自身生产的概念,是马克思主义人口经济理论的重要概念。人口再生产类型既是经济增长与社会发展的结果,也反过来通过一系列渠道影响经济增长与社会发展的绩效。劳动力资源在社会再生产过程中有着特殊的地位,它是联结人口过程和经济过程的重要纽带。人口再生产正是通过不断地为社会再生产提供不同质和量的劳动力资源而作用于经济过程的,而经济过程又通过它对劳动力资源的需要以及开发利用程度而影响、制约着人口的再生产(张纯元 1983)。劳动力的更新要靠人口再生产来保证,物质资料的再生产又必须以劳动力的再生产为基础。有许多学者就人口增长、生育率变动与经济发展的关系等做了研究(原新 1997;罗丽艳 2003),随着“两种生产”这一人口学基本理论的确立和构建,有关人口的理论和实证研究开展得将更加广泛和深入。

(2)劳动价值论。马克思的劳动价值学说认为商品的价值是由凝结在商品中的无差别的社会必要劳动决定的,当一种要素被用于生产某种商品时,前者的价值就计入后者的价值或成本。因此说,劳动力的价值是由生产、发展、维持和延续劳动力的生活必需品的价值决定的,即由生产和再生产劳动力的成本决定的(马克思 1867)。另外,商品价格是价值的表现形式,它受供求关系的影响,并围绕价值上下波动。在市场经济条件下,劳动力的价格体现在劳动者的工资上,它和其他商品一样,也是由自身价值决定的,并受到市场供求关系的影响。

根据生产劳动力全过程所包括的两个阶段,可以把劳动力价值的基本构成因素分为两个:一是抚养和教育费用,包括他在成长时期所消耗的生活资料价值和接受各种教育的费用;二是维持和发展费,包括他在就业时期所必需的生活资料价值和接受再教育的费用。各种劳动力的价值大小差别主要取决于劳动者在成长过程中或在被养育期间所消耗的养育费,特别是接受不同学历教育的费用差别。尽管养育费在劳动者就业之前的成长时期消耗并通常由父辈支付,维持费则在劳动者就业之后的工作期间消耗并由本人支付,但两项费用是用于生产同一主体的劳动力,所以是这一主体劳动力价值的构成因素(郑志国 2002)。

(3)人力资本理论。国外对于人力资本的研究,始于 20 世纪 60 年代左右。许多经济学家为此做出了重要贡献,其中最突出的是舒尔茨和贝克尔。舒尔茨最早提出了人力资本理论体系,对经济发展的动力做出了全新的解释。他认为,研究经济增长问题,有必要将传统的资本概念包括进人力资本的概念,而不应仅仅考虑有形的物质资本。特别是在低收入国家,改进穷人福利的关键性因素是提高人口质量,提高知识水平。从舒尔茨的观点来看,人力资本体现在人的身上,表现为人的知识、技能、经验和技术熟练程度等,总之表现为人的能力和素质。而且,人力资本是通过人力投资而获得的,包括四个方面:教育、在职培训、保健和人口的迁移。作为一种资本形式,个人及社会对其所进行的投资都必然会产生收益。从这一角度讲,人力资本是劳动者时间价值提高的主要原因,并且其还可表现在人力资本的所有者,即劳动者的收入上。

贝克尔则从其关于人类行为的一切方面均可以利用经济学分析的方法论出发，以经济人、市场均衡和稳定偏好三种假定为前提，将新古典经济学的基本工具应用于人力投资分析，为人力资本理论提供了定量分析方法，扩大了这一研究领域的发展空间。经济人的目标就是追求效用最大化，现实中的一切人的一切行为，都不可避免地蕴含着效用最大化的动机。这里所说的效用包括货币性（如市场上商品或劳务）和非货币性（如声望、尊严和权威等）两个方面。效用最大化的实现过程就是人的相对稳定的基本偏好的满足过程。偏好的满足需要相应的资源，而资源的配置是在市场均衡力量的推动下实现的。因此，市场的力量能够有效地调节、约束人的行为。他认为在一般情况下，只有当预期收益的现值至少等于支出的现值时，人们才愿意做出投资于教育和培训的决定。因为在均衡点上，一切投资活动，无论是物力资本还是人力资本的投资活动，收益率均相等。也就是说，人力资本投资的条件是投资的边际收入等于边际成本。

美国经济学家明塞尔也可以说是现代人力资本理论的最早开拓者之一，他在对有关收入分配和劳动市场行为等问题进行研究的过程中开创了人力资本的方法。1957 年，他完成了博士论文《人力资本投资与个人收入分配》，率先运用人力投资的方法研究收入分配问题。他指出，经验表明，现实中收入分配的差别主要不是表现为各种职能收入的差别，而是表现为个人收入之间的差别。对于这种收入差别，以往的一些理论未能给予令人满意的说明。而从人力投资的视角则可以对此做出有力的解释：在自由选择的条件下，每个人基于收入最大化而进行的不同人力投资决策，决定了他们之间收入分配的格局。以后，他又不断拓展其研究，围绕收入分配、劳动市场与家庭决策等进行了一系列探索，推动和促进了现代人力资本理论的发展。

除此之外，人力资本理论还特别强调了对儿童人力资本的投资。人力资本投资的一般范畴可以用一种生命周期年表来描述，一个人人力资本积累的大部分是发生在家里，特别是在生命周期中的最初阶段。在抚育儿童的过程中，主要是由母亲所提供的对孩子的抚养照料、家务和职业工作的经验、学校教育，以及卫生保健等都是可变的人口质量来源，是对孩子质量的一种投资。而人力资本的存量对劳动者的生产率水平有着明显的影响，现阶段对人力资本投入越多，将来的收益也就越大。所以说，一般地，培育劳动力所费越多，其人力资本水平就越高，从而其成年后的生产效率也就越高。特别是在低收入国家，更健康的儿童养育措施对于成年时的生产力会产生双重影响：不仅一个更健康的成年人拥有更高的生产力，而且其寿命也更长。因此，对于更长期的学校教育投资和培训投资的激励便增加，因为当收入期被延长以后，此类投资的盈利性也增加了。

(4)家庭经济理论。贝克尔在他的著作《家庭经济分析》中，利用自己提出的方法，对家庭生活的各个方面进行了深入而独特的分析。他认为，家庭是由多个人组成的生产单位，不同成员的商品、时间、货币和技能等生产要素的投入会产生联合效用，这些效用主要包括孩子、商品、技艺、健康、声望等家庭产出。家庭行为受货币和时间两个因素的限制，决策的代价要用时间和货币来衡量。当一个家庭的时间和货币为既定时，为了使家庭行为最大化，家庭成员就在户主组织下，对有限的资源进行最合理的配置，进行家庭生产。

在他的论文《生育率的经济分析》中，最先运用西方经济学关于消费行为的理论，对家庭人口的生育行为和决策进行了分析。假定每个家庭都使其孩子数量的效用函数最大化，花在每个孩子身上的费用称之为孩子的质量 q，其他商品分别是 $Z_1,\cdots\cdots,Z_m$，效

用函数可以写成

$$U=U(n,q,Z_1,\cdots\cdots,Z_m)$$

方程可以进一步变为

$$U=U(n,Z)\qquad (Z\text{为其他商品的综合})$$

孩子是每个家庭利用市场商品、服务和父母的时间，尤其是母亲的时间生产出来的，用 P_n 表示孩子的总成本，π_z 表示 Z 的成本，那么一个家庭的预算约束是

$$P_n n+\pi_z Z=I\qquad (I\text{为家庭总收入})$$

给定 P_n、π_z、I，n 和 Z 的最佳数量取决于预算约束和日常的边际效用条件：

$$\frac{\partial U}{\partial n}\Big/\frac{\partial U}{\partial z}=\frac{MU_n}{MZ_n}=\frac{P_n}{\pi_z}$$

对孩子的需求取决于孩子的相对价格和总收入。孩子的相对价格(P_n)相对于 π_z 的上升，会减少对孩子的需求而增加对其他商品的需求(假定实际收入不变)。

(5)孩子的成本效用理论。孩子的成本效用分析是微观人口经济学的一个基本分析工具。美国哈佛大学教授莱宾斯坦(Harvey Leibenstein)最早将微观经济学的成本效用分析方法应用于人口研究，开创了微观人口经济学研究的时代。他于 1954 年和 1957 年相继出版了《经济—人口发展理论》和《经济落后与经济增长》两部著作，阐发了家庭规模可以通过父母对孩子取舍的决策来实现的思想，并提出了边际孩子的合理决策理论。该方法通过分析边际孩子的成本与效用在家庭收入变动过程中的相对变化，很好地解释了在人均收入持续增长过程中出生率下降的现象。莱宾斯坦还认为，除了纯经济上的解释外，生育率的变动还必须要考虑到社会和文化方面的影响(如宗教观念、城市化进程、妇女地位等等)。

第一，孩子成本和效用的构成。西方经济学派认为，家庭是子女抚养和培育的基本单位和人口再生产费用的主要承担者，因此，通常把家庭花费在生育和培训子女上的各种货币支出和时间消耗认定为孩子的成本，它分为直接成本和间接成本两种。直接成本是父母把一个孩子抚养到成年所花费的一切费用，间接成本是父母为抚养一个孩子所遭受的各种损失。莱宾斯坦把这些损失解释为“由于母亲必须照料孩子而失去工作的机会，怀孕期间损失的收入，或者是对于大家庭的责任心而减少流动的损失”。这些损失主要是指经济上的损失，而实际上还应包括父母，尤其是母亲抚育孩子的生理成本和心理成本。以上是新增孩子在家庭内的成本。但对于他人和社会来说，还需要付出外部成本，主要有自然成本和社会成本。

莱宾斯坦将孩子对家庭内部的效用分为消费效用、劳动经济效用、保险效用、经济风险效用、长期维持家庭地位的效用和对扩展型家庭做贡献的效用共六种。罗丽艳(2003)以此为基础，又提出增加生命延续效用和情感寄托效用两种。此外，还有一定的外部效用，主要是创造需求效用和为社会提供服务的效用。

该理论还认为，当孩子的抚养成本大于预期收益时，他是一项耐用消费品，这时可以假定父母从中能得到心理收入或效用；反之，当孩子的预期收益大于抚养成本时，他就是一项耐用生产品，父母从中可以得到货币上的收入。对大多数父母来说，子女是一种心理收入或满足的来源，即把子女看成一种消费品，当然有时候，子女还可提供货币收入，因而还是一种生产品。而且，用于子女的支出和子女带来的收入都不是一成不变的，所以子女既是一种耐用消费品，又是一种生产品。

第二，西方成本效用论的局限性。孩子的成本效用理论的假设条件是：首先，家庭生育行为是一种符合经济理性的行为，是以追求效益最大化为基本准则的。其次，个人或夫妇是家庭生育行为的决策者。第三，孩子类似于耐用消费品或生产品，可以使父母长期受益。第四，家庭处于完全市场化了的经济环境之中。

这一理论在中国的局限性表现在：首先，市场经济的不发达影响到人们对子女成本效用理论的理解与运用，许多人对此只是有一种模糊的印象，对人们行为的影响不大。其次，由于社会环境的不同，东西方对孩子成本和效用内容的认识各不相同。再次，传统观念也导致我国家庭在作生育决策时不可能表现出类似西方家庭的理性，政府也要对家庭的生育决策进行干预。而且，就子女的质量数量替代理论而言，东西方人们对子女质量的理解也存在着巨大差异。因此，在运用过程中，应把这一理论放在中国特殊的文化、经济背景之下，结合中国家庭经济与生育决策的特点加以调整（吕红平　1998）。

1.3.2 国内外研究现状及评述

(1)有关人力资本方面所作的研究。自从20世纪80年代，贝克尔的名著《人力资本——特别是关于教育的理论与经济分析》中译本出版以来，人力资本理论开始了在中国学术界正式而广泛的传播（叶文振　1998），许多学者都对此进行了深入的研究。

其中，绝大部分研究都着重于探讨人力资本与经济增长的关系（都阳　2001；王金营　2001）。都阳根据人力资本一般理论，对提高贫困地区的教育水平，以提高人们的认知能力和在劳动力市场上的收益做了相关的研究。此外，他还研究了人力资本投资对中国经济增长中出现的区域差距的影响，其分析结果对于如何缩小地区之间的差距以及如何形成一个更有效的人力资本投资战略具有重要的政策含义。还有的学者从制度创新的角度对人力资本进行了研究（王建民　2001）。也有一些研究关注于人力资本的形成过程,包括人力资本投资方式和途径、成本收益比较等问题(侯风云 1998)。此外,还有学者对农户家庭对人力资本的投资行为做了研究(吴绍田 1998;史清华 2001)。

人力资本按其投资形成的方式和途径可分为两大类:教育资本和非教育资本。教育资本又可分为普通教育资本、专业技术知识教育资本;非教育资本包括经验资本、健康资本和迁移与职业选择资本(王金营 2001)。但从已有资料来看,大部分研究都还是集中于教育和培训方面,而对非教育资本的研究比较少。近来,已有少数的学者开始重视对于劳动者的营养、健康方面的投资(张车伟 2001、2003)。张车伟于2003年发表的论文《营养、健康与效率——来自中国贫困农村的证据》中,估计了不同营养与健康指标在中国贫困农村地区的回报和弹性。结果表明,几乎所有的营养、健康指标都影响到农村的劳动生产率,其中,营养摄入和疾病的影响最为显著。要使农民摆脱贫困的束缚,投资于营养和健康具有至关重要的作用。魏众(2004)还利用1993年的中国营养调查数据,探讨了农村地区健康对非农就业及其工资决定的影响。

张车伟(2001)还通过分析工资方程中人力资本和收入之间的关系,讨论了经济增长、人力资本与不平等之间的关系。他认为不平等是一个多维度的概念,收入不平等的根源也许是由于人力资本的不平等,同时人力资本不平等又是长期收入不平等的具体体现。随着市场机制的不断完善,人力资本的不平等意味着收入差距还可能会进一步拉大。因此致力于缩小收入差距的政策,不能仅仅注意收入的再分配,还应该注意教育、营养和健康等方面的不平等,只有加大对弱势群体的人力资本投资,才能从根本上抑制收入差距过大的不平等问题。

此外,张林秀、辛贤(2000)还就贫困地区儿童的营养健康状况做了深入的研究,得出结论,加强对贫困地区妇女的教育,可以通过增加她们的营养知识而改善儿童的健康状况,对于提高生产率、促进经济全面发展有重大意义。

总体上说,已有研究较多侧重于人力资本积累对经济发展的贡献,而关于经济和社会的发展对人力资本投资的影响研究相对较少。并且,绝大部分研究关注的是对现存劳动者进行人力资本的投资,即现有人力资源的开发与利用,而对潜在劳动者(或者说是未成年劳动力)的人力资本投资研究很少。因此,本书在总结前人研究成果的基础上,对劳动力的再生产成本进行研究,以探讨农村改革以来的20多年间,社会、经济条件的变化是怎样影响儿童人力资本投资(包括医疗保健、教育等)的。研究的意义就在于当这些未成年劳动力成长为具有社会平均劳动能力的劳动者之后,对他们在早期阶段所作的投资,作为人力资本存量将发挥重要作用,给个人和社会带来更大的收益。

(2)关于劳动力再生产成本性质的争论。虽然关于人力资本的研究不少,但对人力资本概念的外延和内涵,却争议颇多。例如,对劳动力培育成本是否应属于人力资本投资的范畴,众学者观点不一。有人认为,企业中只有两种人拥有人力资本:一是科技人员,二是经营管理者,普通劳动者并没有人力资本(魏杰 2000)。同样,也有学者认为,在未成年劳动力抚养过程中的花费不应当被看做人力资本投资(李杰,左仁淑 2002)。原因在于,未成年劳动力的抚养费用、卫生保健费用及国内迁移费用等体力投资实际上是简单劳动力形成的生产成本,属于劳动力要素的内涵。而人力资本的内涵不应包括体力投资,它是在对一般劳动力进行教育、培训、科研投资后形成的具有不同质的技能、技术水平和熟练程度的劳动力,所以不同于一般劳动力。况且劳动力形成所需的投资不是以追求价值增值为目的,也不考虑风险性,不具备资本的基本特征,不能视其为资本。

相反,有的观点却认为所有劳动者(广义的劳动者)都拥有人力资本,只不过拥有的存量与结构不同。普通劳动者同样有人力资本,只不过少一些而已。因为普通劳动者从生下来到能够具备劳动能力,参与社会生产过程,必须经过人力资本投资,卫生保健、家庭教育、学校教育、职业培训等都是人力资本投资方式。并且,随着知识经济的来临,生产过程对普通劳动者的要求会越来越高,没有人力资本的劳动者无法胜任(事实上,根本没有人力资本的人也不成其为劳动者)(姚先国 2003)。

本书赞同第二种观点,认为劳动力再生产成本属于人力资本投资的范畴,全书的研究也是以此为基础而展开的。舒尔茨提出,人口质量是一种稀缺的资源,它具有经济价值,人类自出生之后所获得的任何质量素质,都需付出一定的可具体计量的成本。过去的投资必将在未来产生某种收益,每当值得付出这一成本时,总会刺激人们去进行质量投资。按照他所作的定义,人力资本总投资指的是获得和维持这种资本所必须付出的成本,其中包括抚养子女、营养、衣服、住房、医疗保健、教育培训和自我照管所需的各项费用。

而且,简单劳动力的培育是形成复杂劳动力的前提条件,没有简单劳动力,复杂劳动力自然无从谈起。抚育劳动力所费既有消费的性质,也有投资的性质。这些投资在满足人的生理需要、维持身心健康的同时,也会给劳动者带来未来的收益,也具有一定的风险性。正因如此,本书认为劳动力再生产成本属于人力资本投资,并将劳动力再生产成本与劳动力价值相联系,进一步分析人力资本投资与劳动力要素增值之间的作用与反作用关系。

(3)关于孩子抚养成本和生育率间关系的研究。由孩子成本效用理论和质量数量替代理论可知,孩子的抚育成本和他给家庭带来的效用两者的变化可以导致生育率相应的变化。许多学者已对此做了详尽的研究。周长洪、黄丽华(1996)通过对温州农村地区进行调查,得出结论,家庭经济收入与子女数量需求强度呈反向变化趋势,而家庭经济富裕水平与子女成才质量期望强度呈正向变化趋势。解振明(1997)则以浙江省为例,对我国农民生育需求进行了研究,他认为,生男孩可以满足农民精神上的需求,这是近年来部分农村地区出生性别比偏高的根本原因。黄乾(1999)指出,孩子质量对数量的替代是实现低生育率的必要条件,但当前在我国还存在一些外部环境对这种关系形成了障碍。牛建林(2002)利用河南省调查数据考证了现有的孩子数量与质量转变理论在当地农村地区的适用性,也为研究中国农村人口转变现状及其进程提供了实证依据。结果表明,妇女对孩子数量与质量偏好之间存在着显著的替代关系,这一关系总体上较为稳定、普遍和独立。

此外,罗丽艳(2003)考虑到新增孩子还会对家庭以外的其他人和社会带来一定的影响,存在着外部性,建立了一种全方位的成本效用分析模型,并据此分析与解释各种人口现象,认为外部性是导致许多发展中国家家庭的意愿生育率与社会要求的生育率存在着不同程度差异的重要原因。

(4)关于劳动力再生产成本的实证研究。第一,国外研究。在人类历史上,从配第、帕雷托到恩格尔、莫塔拉、达布林等许多人都曾就培育一个人的费用问题进行过研究(索维　1969),得到了很有用的结果,为后人的研究提供了很好的参照。

达布林和洛特卡计算了 1935～1936 年美国家庭抚养一个孩子到 18 岁的全部费用。平均收入为 2500 美元的家庭,费用数字为 7766 美元(1936 年),也就是 17 140 美元(1962 年);而收入较高的家庭(5000～10 000 美元)则为 16 337 美元(1936 年)。他们还对生育、食物、衣服、医药、居住、教育等各项开支的比例做了计算。如果加上由于儿童死亡带来的损失(约为 1.3%),低收入家庭养育一个孩子到18岁的总费用为17 370美元(1962年),也就是说,比一个家庭的3年收入还多,或者说,相当于每年家庭收入的16%。如果把公立学校教育费包括进去,则一个孩子的费用为19 750美元(1962年),这个数字还不包括母亲照料孩子的开支,即母亲收入上的损失;也不包括除教育以外的一切公共开支(如医院、国家津贴)。

1945年,英国皇家人口委员会也曾估计过培育一个劳动力所需的成本,总计可达742英镑(把死亡者也包括在内)。

索维计算在法国抚养一个人的费用时,估计孕期的费用为50法郎,生育的费用为80法郎,并假定出生后第一年当中的费用始终不变,按每年递增5%的级数计算,算出18岁时的费用为229法郎,用这一方法算出从母亲怀孕起,到孩子长到18岁时,总费用是2945.5法郎。

后来,又有一些侧重于研究人力资本问题的经济学家,对有关孩子数量及质量的家庭行为的相互作用进行了很多探讨,但大多数实证性工作都着重于考察分析高收入国家的家庭投资行为。

据美国人口增长和美国未来委员会编写的报告,按中等水平计算,美国1969年培育一个儿童从出生到18岁的直接费用(不包括母亲因生育小孩而间接支出的费用)约为3万美元,乡村中农业为29 470美元,非农业为32 990美元,城市为32 830美元。另据美中大陆银行理查兹的计算,20世纪70年代末,把一个孩子抚养到18岁要花费家庭最大一笔钱,高达55 784美元(不包括出生和上大学的费用,孩子出生费为2168美元,大学学习4年费用从12 000美元到32 000美元)(刘铮 1984)。

1977年,美国小康之家把第一个子女抚养到18岁要花费约10万美金,如果按1:4的汇率计算,那么抚养一个美国新生劳动力所投入的资金就可以培育近58个中国劳动力,说明当时的中国孩子抚养水平是相当低的(叶文振　1998)。接下来的研究可以表明,虽然发达国家和发展中国家孩子抚养水平都随着社会的发展而不断提高,但前者的速度显然要远远高于后者。

美国农业部计算得出,在过去的27年里,把一个孩子从出生抚养到18岁的费用年均增长率为14%,该数字远远大于通货膨胀率。也就是说,抚养自己的孩子大约要花费＄34833,而抚养孙子(女)则要花费＄149 820。一个中等收入水平家庭,在1996年出生的孩子,当他到2014年长到18岁时,将花费＄246 000。而1997年出生的孩子,长到18岁则要花费至少＄301 183(Longman, Phillip J., Graham, Amy　1998)。

Valenzuela(1999)等人运用澳大利亚统计局(ABS)的1984年、1988～1989年、1993～1994年住户消费调查资料估算孩子的成本,结果表明,双亲家庭如果有了第一个孩子,为了保持原有的生活水平不变,家庭预算支出要增加18%,单亲家庭要增加22%;第二、三个孩子的出生也要增加相应的支出,但其幅度不如第一个孩子的大。

据Canberra大学的研究,在澳大利亚,一个家庭要把孩子养到20岁,大约需要＄260 000;而两个孩子将花费＄448 000。其中,食品和交通是最多的两项费用,而且,还忽略了母亲误工的机会成本(Youth Studies Australia　2003)。

另外,还有学者对孩子的教育投资、医疗保健费用、看护费等专门做了研究。

例如,Peter J. Cunningham(1990)研究发现,孩子的健康支出在家庭的各个生命周期阶段是不同的。即使处于同一生命周期的家庭,其孩子的健康投资也随着家庭特征的不同而不同,这些家庭特征包括家庭的收入水平、家庭规模的大小、是否单亲家庭、母亲的受教育程度、母亲的年龄等。并且,家庭特征对支出的影响随着生命周期的推迟而增强。

Alfonso Sousa－Poza(2001)研究认为,人们尤其是妇女分配在家务和孩子身上的时间要受到教育水平、年龄等几个社会、经济变量的影响,这种时间价值的计量,可以通过市场替代成本法和机会成本法计算得到。结果表明,用于做家务和照料孩子的时间价值的变动范围分别为GDP的27%～39%和5%～8%(1997)。

以上这些研究,虽然只列出了抽象的数字,但从中可以看出,随着社会的进步,抚养孩子的成本发生了相当大的变化。即使是同一国家或地区,随着年代的不同,其费用变动幅度也是惊人的。在同一时间段内,不同国家的费用支出也是有一定差异的。这部分地可以归因于生活方式、经济条件的不同,还可能是由于调查方法或定义上的区别造成的。

利用发展中国家的资料对孩子的人力资本投资所做的研究很少(Dennis De Tray 1980)。Cabanero(1977)对菲律宾农村家庭的孩子投资做了研究。他得出结论:家庭收入水平、孩子的年龄、性别的差异导致对孩子的投资是各不相同的。他计算出孩子的影子价格来反映其"边际成本"。影子价格随着收入的提高而增加,家庭收入越高,对孩子的投资也就越多,尤其是母亲的时间价值越大,孩子的成本就越大。Navera(1978)也分析了孩子的成本,她的结果和Cabanero的结论类似,不同的是,她又以此为基础,分析了家庭规模的大小。她认为,母亲的年龄、婚龄、父母的受教育程度、家庭收入等都是影响家庭规模大小的变量。母亲的时间价值和家庭规模之间有强负相关性,但母亲的工资和家庭对于孩子的人力资本投资之间却有较强的正相关关系,儿童人力资本投资很有可能成为父母闲暇时间的一种替代品(R. E. Evenson, B. Popkin, E. K. Quizon 1980)。

Dov Chernichovsky曾在他的博士论文中研究过印度父母对

孩子进行投资的问题。但他只涉及了家庭对孩子的教育所做的投资。他发现,家庭收入和父母文化水平对孩子的上学年限有正向影响,而婴幼儿死亡率却对孩子的上学年限有负向影响。Indra Makhija 在后来的研究中,更多地考虑了孩子的数量和向孩子投资之间的关系。在她的分析中,解释变量包括:家庭总收入,来自于家畜的收入,土地的生产力,村中可获得的教育和保健设施数量,家庭中成年妇女的人数,妻子的受教育程度。户主的年龄作为虚拟变量也被考虑进来。但她的计算结果并没有很好地解释孩子的数量和对孩子进行教育投资两者之间的关系。他们的研究只是对发展中国家家庭的孩子数量和儿童人力资本投资的关系做了一个初步尝试,为此需要有更深入的研究(Dennis De Tray 1980)。

上述研究虽然有限,但他们已经发现了家庭特征和孩子自身特征对孩子成本的影响作用,得出了一些很有意义的结论,为以后的研究奠定了一定的基础。

第二,国内研究。在现有资料中,最早对中国劳动力培养费用所做的研究,大概应为中国人民大学刘铮等人早年在全国所做的调查。根据他们的估算,1978 年培养一个婴儿到 16 岁,费用的总额:农村为 4117 元,城镇为 7772 元,城市为 9583 元。其中,家庭支出分别为 1196 元、3856 元和 4689 元;国家支出分别为 434 元、974 元和 2218 元;工时费用分别为 2880 元、3840 元和 4800 元;按其他费用的 1%计算的婴儿夭折费用分别是 41 元、76 元和 94 元。

西安交通大学的朱楚珠、张友干(1996)通过对咸阳部分农村的实地调查,给出了当地孩子成本和效益的现状,并结合历史资料,对孩子的历史成本变化做了分析。计算结果,1995 年该地区农村不分胎次、不分性别将一个孩子从母亲怀孕到抚养为 16 岁期间,家庭平均需要支付的直接成本为 30 120.00 元(含人均超生罚款 399 元)。调查数据还表明,男孩的抚养费用高于女孩。在计算间接成本时,得出母亲的总误工为738天,但对家庭收入影响不大。

厦门大学叶文振(1998)利用对厦门经济特区近千个家庭的入户调查问卷资料,估算了中国经济发达地区近期的孩子抚养费用,并识别了孩子经济成本的结构特征和地区差异,分析影响孩子抚养费用水平的主要决定因素。研究结果表明,1996年厦门经济特区孩子(至16周岁)的平均成本或抚养总费用高达122 600元(其中从0岁到16岁的费用为119 829.30元,母亲怀孕分娩期间的相关费用为2771.44元),而高收入和独生子女的家庭对孩子的投资水平更高。

另外,他发现孩子的年龄和抚养费用之间不存在显著的相关关系,这和10年前中国人民大学人口理论研究所的调查研究结果是相似的。但就费用构成来看,教育费用随着孩子的年龄增长而增加,家庭生活服务费用、医疗医药费支出和健康保险费用则随孩子的长大而减少。其他的费用构成似乎没有因为孩子的年龄增长而呈现规则的变化。

在文中,他将所得数据与1978年全国城镇的平均抚养费用(18 662.96元)和1986年北京的抚养费用(53 865.36元)相比,得出结论,从时期变动来看,即使排除地区差异,孩子抚养成本自改革开放以来的提高速度也是非常快的。从费用结构的历史对比看,最明显的是食品支出的下降和教育费用的上升,说明费用结构在这10年里有了明显的优化,特别是父母更加重视对孩子的质量投资。

在对孩子抚养成本的影响因素进行分析时,叶文振发现,家庭收入水平的影响系数最大,且为正值;其次,为孩子的独生子女身份,也为正值;再次,是母亲的职业地位,也和孩子的抚养费用成正比;第四,是母亲婚龄的影响,结婚时间越长的父母,对孩子培养的经济投入也越多。相反,孩子的性别、母亲的初婚年龄、母亲的文化程度三个变量影响不显著,后者甚至出现了负影响。

国家计生委"计划生育效益与投入研究课题组"(2000)对中国城市和农村 0～16 岁少年儿童抚养费用做了对比,发现城乡间差异十分明显。1998 年国家为 0～16 岁少年儿童平均支付的社会抚养费在城市为 1.6 万元,在农村为 0.5 万元,城市是农村的 3 倍多。从家庭承担的抚养费看,1998 年我国为抚养 0～16 岁少年儿童平均支付的总抚养费最低为 5.8 万元,最高为 6.7 万元。其中,城市最低为 11 万,最高为 13 万元;农村最低为 4.1 万元,最高为 4.4 万元。城市与农村相比,在城市抚养一个孩子的费用,在农村至少可以抚养 2.7 个孩子。

西南财经大学人口研究所(2001)对 1971～1990 年孩子抚养费用做了研究,推算结果,1971 年中国平均为一个孩子投入的抚养费为 3019 元,1990 年猛增到 23 338 元,增长了近 7 倍。

此外,北京美兰德信息公司(2001)在北京、上海、广州、成都、西安五大消费先导城市进行了一次儿童消费市场调研,结果显示,五城市中 0～12 岁的儿童平均每人每月消费高达 897 元。调查还显示,尽管食品与服装消费仍是城市儿童消费的主要部分,占儿童消费总支出的 64.1%,但教育支出已占到相当比例(约 21.4%),成为儿童消费的新热点。另外,低收入组家庭给孩子的零用钱较多,中等收入家庭对孩子的食品和服装方面的支出比例较高,而高等收入家庭则更加注重孩子的教育。此外,家长的文化程度也影响着对孩子的费用支出结构。家长的文化程度越低,越注重孩子的"吃"和"穿";文化程度越高,越注重孩子的"教育"和"娱乐"。

近期,上海市社会科学院徐安琪发表了一个有关抚养孩子的经济成本的报告。在报告中,她根据 2003 年的物价水平,核算出上海市徐汇区家长从子女刚出生到 30 岁,共要在子女身上投入 49 万元。虽然这一数字引起了社会各界广泛的讨论,但抚养孩子经济成本呈现几何级数的增长却已是不争的事实。

以上资料表明,长期以来,不论是城市还是农村,劳动力再生产成本都是呈上升趋势变化的,也可以说,孩子的抚养条件得到了一定的改善。但最关键的是,城市(尤其是发达地区城市)和农村之间的对比很明显,差距非常大。这从另一个侧面说明,中国农村人力资本投资是相当弱的,农村孩子的抚养条件很差。当然,这和当前农村的经济发展水平、社会意识条件是不无关系的。但可以肯定,随着经济的发展,加大农村儿童人力资本投资还是有很大空间的。

(5)小结。以上对国内外学者就家庭再生产劳动力的成本所做的研究进行了大致的归纳和整理,可以总结如下:

第一,各研究首先都估算了孩子抚养的总费用,同时还有一部分研究对费用的构成情况也做了描述。

第二,对影响孩子成本的因素有较为详尽的分析,主要包括家庭特征(收入、父母文化程度、父母年龄等)和孩子自身的特征(性别、是否独生子女等)。

第三,对不同时点、不同地区的孩子成本做了简单对比,从经济、社会、文化等各角度给予基本的解释。

第四,对孩子养育成本效用和家庭生育率间的关系进行了具体的研究。

第五,从人力资本角度对儿童健康营养状况做了分析。

这些已有的研究为本书提供了极具价值的方法和思路,可供借鉴。但仍存在一些不完善之处:

第一,绝大部分的研究都是采取假想一代人的办法进行的,即将同一年内不同家庭 0~16 岁孩子在这一年实际发生的费用平均加总,以求得该年内把一个孩子从出生抚养到 16 岁的平均总费用。而没有对孩子在这些年中发生的历史成本做实际估算,结果难免有所偏差。

第二,研究基本上是就某一特定的时段或地区而进行的,缺乏对同一地区长期、系统的研究,这样所做的研究结果比较片面,不能从历史的角度反映其变化趋势。

第三,对农村地区所做的研究较少且不够深入,代表性不强,尤其是缺乏近期的研究。

第四,研究中只涉及了孩子成本变化对生育率的影响,但却没能从其他角度来探讨这一成本变化还会带来哪些相关的影响和有什么意义。

所以,本书以农村劳动力再生产成本作为研究内容,对 20 多年来再生产劳动力的成本总量和结构的变化及发展趋势进行深入、具体的分析,以求反映在城市化的大背景下,劳动力再生产成本的历史变化,并给予相应的解释。本书还要进一步讨论成本的变化对劳动者工资水平、人力资本积累及农户生育率等产生的影响。

1.4 研究目标与研究方法

1.4.1 研究目标

本书研究的总目标是对 1983～2003 年间农村劳动力再生产成本总量、结构的变动及其影响因素进行分析,以此为基础,解释这一变化产生的相关影响和意义,并提出对策建议。

具体目标如下:

(1)对农村劳动力再生产成本的现状及近 20 年来的变化情况进行研究,估算总的费用,并深入剖析各部分结构的变化。

(2)识别影响农村劳动力再生产成本变化的各个因素,分析其影响的方向和程度,并判断其大致发展趋势。

(3)探讨农村劳动力再生产成本与劳动力价格、人力资本水平以及农村生育率三者之间的相互关系。

1.4.2 研究方法

(1)实证分析与规范分析相结合的方法。实证分析和规范分析是经济学研究中常用的方法。本书在分析农村劳动力再生产成本的总量及结构时,主要利用实证分析的方法;在研究劳动力再生产成本与劳动力价值、人力资本积累以及农户生育率三者间关系时,则更侧重于规范分析。但实证分析和规范分析并不是割裂的,而是既要在已有理论的基础上,对观察到的现象进行经济解释;又要通过对现实的分析,检验已有的理论,并探索新理论,力求做到理论和实践相结合。

(2)结构分析法和比较分析法。将农村劳动力再生产成本总体分为四个部分,即生活费用、医疗保健费用、文教娱乐费用、工时费用,对各部分在不同年份、不同年龄段的总量和构成作比较。并将研究所得与不同地区的资料作比较,以准确判断农村劳动力再生产成本的水平。

(3)现值和终值转换法。把劳动力再生产的各项成本看做家庭对孩子质量进行的投资。考虑到货币的时间价值,用复利的方法按照一定的利率,计算出各笔本金在若干年后的本利和(终值)。

$$F_n = P(1 + r)^n$$

其中,P 为本金(现值),r 为年利率,n 为复利计算周期,F_n 为第 n 年年末的终值。

本研究中把从孕期到孩子年满 16 周岁,共计 17 年的数值分别由现值转换为终值再进行加总,所得结果即为农村劳动力再生产的成本。

(4)计量分析方法。影响和决定农村劳动力再生产成本的因素很多,自然条件、社会环境、家庭特征以及孩子自身的情况等都会对其抚养成本产生影响。根据农村社会经济发展的现状,本研究将主要分析几个关键因素的作用,而忽略其他因素的影响。

C=C(INCOME, EDU, SEX, ONLY-CHILD,AREA)

这里,C是农村劳动力再生产的成本,INCOME是农户家庭收入,EDU是父母受教育年限,SEX是孩子性别,ONLY-CHILD是独生子女身份,AREA是地区变量。

通过统计检验来分析各因素的影响,并结合相关理论作进一步的解释。

(5)数据来源。本书所需数据主要来自于对河南省林州、开封、郑州(包括巩义)等部分农村地区的农户进行实地调查取得的资料。选取上述地区进行调研,一是河南省兼具农业大省和人口大省的特征,省内选取的这几个市县又可分别代表不同经济发展水平,在此进行关于农村劳动力再生产成本的调研,代表性较强;二是这些地区具备有利条件开展调研工作,取得数据较为方便。

我们结合劳动力再生产成本的各项内容设计了较为详细的调查问卷,在上述农村地区采取随机抽样方法,选取1967~1987年出生的人口(即分别到1983~2003年满16周岁)为对象进行入户调查。在与被调查者父母进行深入访谈的基础上,利用回顾性调查法估算劳动力再生产的各项成本。经过为期半年的调查,共发放问卷600份,其中收回有效问卷552份,占样本总数的92%,其余8%为无效问卷。书中关于农村劳动力再生产成本的数据就是根据这些调查问卷计算整理得到的。

1.5

研究思路与主要内容

本书的研究主要按照以下思路展开：

(1)利用实证分析的方法和定量分析的方法，对农村劳动力再生产成本的现状及20年来的变化情况进行研究。在分析的过程中，不但要研究成本的总量，还要研究生活费用、文教娱乐费用、医疗保健费用和工时费用等各部分结构的变化情况，以判断农村抚养孩子的条件是否有所改善以及改善的程度。另外，根据已有的资料，对城乡之间、不同农村地区之间劳动力的培育成本作比较，找出差异。接着从家庭特征和孩子自身特征两个方面分析影响成本差异的原因，找出影响的方向和程度，对农村劳动力再生产成本的变动趋势进行描述。

(2)在以上实证分析的基础上，利用规范分析的方法和定性分析的方法，依照劳动价值论、人力资本理论和家庭经济学理论，来分析农村劳动力再生产成本的变化在经济学、管理学、人口学、社会学等各方面产生的影响和意义。①把劳动力看做一种生产要素，研究其成本和价格（即工资）的关系。②将劳动力的再生产过程看做对人的一种投资，探讨农村儿童人力资本投资与劳动者人力资本的积累两者的关系。③分析农户家庭抚养孩子成本的变化怎样影响对孩子的需求，即生育率的变化。

(3)将农村劳动力再生产成本的现实情况与它的影响结合起来考虑，有针对性地提出一些对策建议，来加大对劳动力再生产成本的投入，优化投资结构，以达到提高农村人力资本投资水平，降低农村生育率的目的。

研究框架如图1－1。

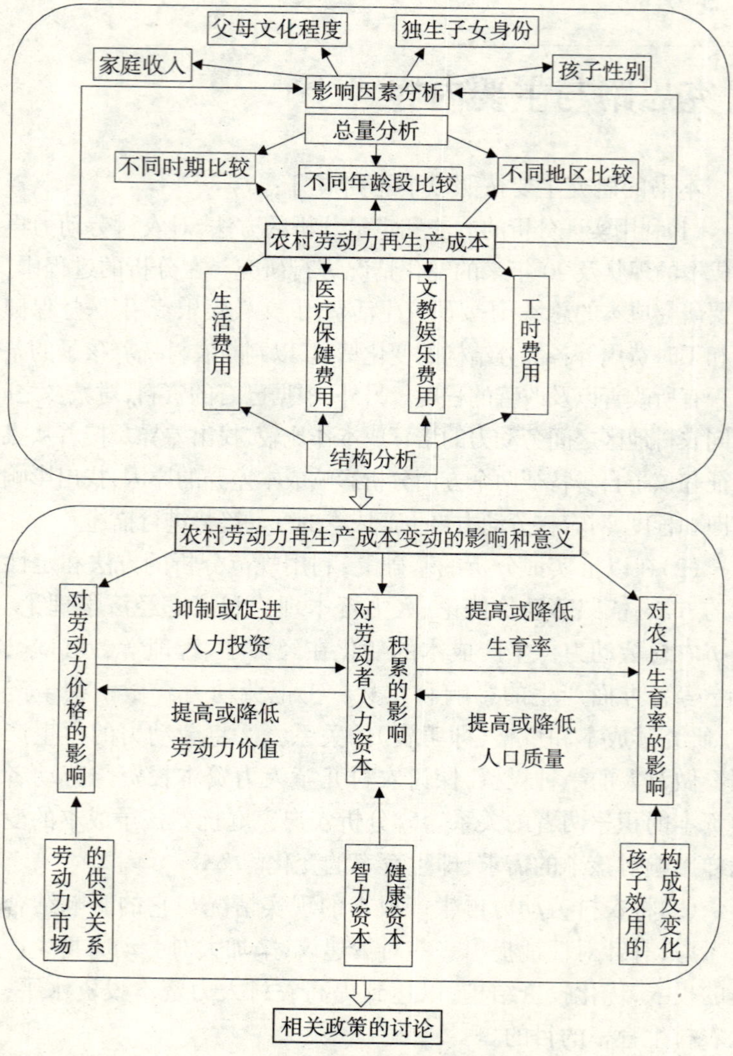
父母文化程度
独生子女身份
家庭收入
孩子性别
影响因素分析
总量分析
不同时期比较
不同年龄段比较
不同地区比较
农村劳动力再生产成本
生活费用
医疗保健费用
文教娱乐费用
工时费用
结构分析
农村劳动力再生产成本变动的影响和意义
对劳动力价格的影响
抑制或促进人力投资
提高或降低劳动力价值
对劳动者人力资本积累的影响
提高或降低生育率
提高或降低人口质量
对农户生育率的影响
劳动力市场的供求关系
智力资本
健康资本
孩子效用的构成及变化
相关政策的讨论

图 1-1　研究框架

1.6

研究特色

(1)对农村改革以来,劳动力再生产成本近20年间的变化进行实证研究,具有一定的创新性。自20世纪70年代以来,学术界关于劳动力再生产成本已有不少的研究,但在现有的资料中,几乎所有的研究都是就某一地区、某一时期而展开的,缺乏对同一地区、在一个较长时间段内的资料分析。本书以河南省近600农户为例,对1983~2003年农村劳动力再生产成本的变动情况进行具体的分析。得出结论,20年来,农村劳动力再生产成本快速增长,其增长速度远远大于同期农民收入水平、农民人均消费支出的增速。同时,通过对城乡劳动力培育成本进行比较,我们还发现,虽然农村劳动力再生产成本上涨幅度很大,但与城市相比,其投资水平仍然很低。

(2)对构成劳动力再生产成本的各项进行细化,深入研究各部分结构的变动趋势。本书所指的劳动力再生产成本包括生活费用、医疗保健费用、文教娱乐费用和工时费用四个部分,各部分在总成本中所占比重可以看做对孩子投资结构的一种反映。分析表明,随着经济的发展和社会的进步,农村劳动力再生产成本中生活费用的相对份额呈下降趋势,与之相反,医疗保健费用、文教娱乐费用和工时费用的相对值却表现为一定的上升趋势,尤其是文教娱乐费用的比重上升幅度很大。由此可见,孩子的投资结构得以明显的优化,这对于提高孩子的质量有着重要的意义。

(3)将劳动力再生产成本、儿童人力资本投资与孩子抚养费用三者统一起来进行研究,在研究思路上有一定的创新之处。绝大多数的文献在分析孩子成本时,都考虑到它对家庭生育率的影响作用,但从人力资本、特别是劳动力价值的角度来研究的却比较少。本书在考察再生产劳动力的成本时,除了分析对生育率的影响之外,还使其与劳动力的价格和人力资本的积累相联系,进一步研究了它们之间的关系,并以劳动力成本为核心,在劳动力价值、人力资本和生育率三者之间建立了一种联系。因此,加大对农村劳动力培育成本的支出,既可以提升劳动者的价值,增强农村人力资本积累水平,又能够降低农村生育率。

2 农村劳动力再生产成本现状分析

对于单个家庭来说，劳动力再生产过程也是对孩子质量进行投资的一个过程，对农村劳动力再生产成本现状进行研究，可以反映目前我国农户对儿童人力资本投资的规模和水平。

本章首先对 2003 年农村劳动力成本的总量及构成状况作一概括分析；接着探讨处于不同年龄段的孩子成本是否存在差异，以及为什么会存在差异；最后为了准确判断农村劳动力再生产成本的水平，还要对城乡间的孩子培育成本进行比较。

2.1

农村劳动力再生产成本的总量及其构成

由于劳动力再生产周期比较长,本研究中把从母亲怀孕起到孩子年满16周岁,共计约17年中,不同年龄段发生的费用分别折算到年满16周岁的那一年为止(即分别将各年的现值转换为第17年的终值),再进行加总,所得结果即为该劳动力的再生产成本。

$F_i = P_i(1+r_1)(1+r_2)\cdots\cdots(1+r_n)$

$C = \sum F_i$($i=0,1,2,\cdots\cdots,16$,代表年龄值)

其中,P_i 为一个孩子各不同年龄段发生的费用,r 为相应各年的利率,n 为复利计算周期($n=16-i$),F_i 为每年的费用转换到第17年年末的终值,C 为该劳动力再生产成本的总量。

例如,将1987年出生的一代人中每个人在这17年间每一年发生的费用折算到2003年,加总并求平均,所得即为2003年劳动力成本。根据调查资料计算并整理,2003年农村劳动力再生产总成本为49 454.57元,其中,生活费为31 110.38元,医疗保健费为4805.28元,文教娱乐费为10 344.81元,工时费为3194.10元。从结构上看,生活费所占比重最大,为62.91%,其次是文教娱乐费占20.92%,医疗保健费和工时费所占的份额较小,分别为9.72%和6.46%。由此可见,现阶段,在农户家庭抚养孩子的过程中,最主要部分仍然是包括吃、穿、住、用、行等日常生活的各项开支。此外,用于孩子的文化教育、娱乐服务及用品的支出也占有一定比例,而医疗保健费用的支出所占比例不大,由于抚育子女而付出的机会成本折合的工时费为最少。

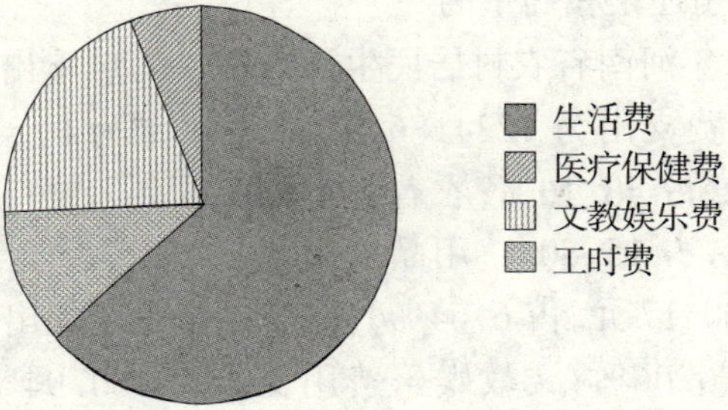

图 2-1 2003 年农村劳动力再生产成本结构(%)

为了分析的方便,直接把 2003 年的总成本除以 17,所得结果可视为一年中抚育孩子的费用①,将其与当年农村居民生活消费人均支出、农户家庭纯收入相比,可以大致看出养育孩子费用在农户家庭总支出和收入中所占份额。经计算,平均一年孩子抚养成本为 2909.09(49 454.57 ÷ 17 = 2909.09)元;2003 年河南省农村居民生活消费人均总支出为 1508.67 元;农民人均纯收入为 2235.68 元,农村户均人口为 4.11 人,两者相乘得到户均纯收入为 9188.64 元。这三组数字对比,孩子抚养成本约为家庭人均生活消费支出的 2 倍,也就是说,基本上 2 个成年人的日常生活费用才抵得上 1 个孩子的抚养费用;孩子抚养成本占农户纯收入的比重则达 31.66%,数额略高于人均纯收入。从农户家庭的收支来看,农民纯收入本来就不高,还要有约 1/3～1/4 用来支付下一年农业生产的经营性开支,挤占了生活开支,而为数不多的生活开支中,又有相当部分供养孩子吃穿、上学、看病等,只剩下很少部分维持成年人的生活开销。所以说,就农户家庭的经济状况而言,抚养

① 由 2.2 节分析可知,农村劳动力再生产过程中,处于各不同年龄段的孩子抚养费用相差不大。

孩子的负担还是相当重的。

2003年河南省农村居民生活消费人均总支出为1508.67元，其中生活费支出为1224.86元，所占比重为81.19%（食品支出726.57元，占48.16%；衣着支出96.36元，占6.39%；居住支出238.44元，占15.80%；用品支出63.32元，占4.20%；交通及通讯支出100.17元，占6.64%）；医疗保健费用支出为91.39元，所占比重为6.06%；文教娱乐费用支出为160.94元，所占比重为10.67%；其他支出为31.49元，所占比重为2.09%。相比之下，用于抚养孩子的支出中，生活费比居民人均支出低18.28个百分点；医疗保健费高3.66个百分点；文教娱乐费高10.25个百分点。这说明相对于成年人而言，人们对孩子的智力和健康等各方面的投资力度都比较强，而用于日常生活的各项开支则要低一些。0～16岁的儿童正处于成长发育期，在整个生命周期的最初阶段，免疫能力较成年人稍弱，因此医疗保健费略高于平均水平。同样，这也是儿童接受九年义务教育，实现初等文化水平的时期，因此文教娱乐费也要高于平均水平。总的来说，这一时期孩子的身体和智力都处于成长阶段，所需投资也就相对较多。

2.1.1 生活费用分析

参照相关统计资料的指标设定，本书所指的生活费用包括食品、穿着、居住、用品及交通通讯费用等五个项目。2003年农村劳动力再生产成本中生活费为31 110.38元，其中食品支出为16 398.73元，占生活费的52.71%，占全部总成本的33.16%；穿着支出为3572.54元，占生活费的11.48%，占全部总成本的7.22%；居住支出为6767.04元，占生活费的21.75%，占全部总成本的13.68%；用品支出为3247.73元，占生活费的10.44%，占全部总成本的6.57%；交通及通讯支出为1124.33元，占生活费的3.61%，占全部总成本的2.27%。与河南省农村居民人均生活消费支出相比,用于抚养孩子的食品支出低15个百分点,衣着支出高0.83个百分点,居住支出低2.12个百分点,日用品支出高2.37个百分点,交通及通讯支出低4.37个百分点。通过比较可以看出,在抚养孩子的过程中,用于食品的支出还是太少,说明在农村,人们还不是很重视对孩子的营养补助,儿童在吃的方面和成年人几乎没有太大差别,并没有特别的营养费。而穿着支出稍高可能是由于儿童正处于长身体的阶段,今年买的衣服可能明年就穿不上了,衣服的使用寿命较短,所以更替较为频繁;而且,在农户总体生活水平不高的情况下,如果家里有上学的孩子,父母宁愿自己穿着俭朴,也要尽量让孩子衣着打扮较为体面些,这一点在调查中可以得到证实。居住支出低是因为在上学阶段,孩子年龄较小,不需要特别购置居住方面的用品,而长大后则面临着婚嫁问题或与父母分居的现象,在居住方面开支将有所增加。日用品支出高可能是由于孩子使用的生活用品档次较其父母略高、品种稍为丰富的缘故。另外,交通通讯费低是由于在农村,儿童外出机会不是很多,与外界的联系相对较少,而整个家庭的交通通讯费用主要是用于家庭农业生产或非农经营开支,或为了家庭生活需要和亲朋联系所用,相比之下,孩子在这方面的需要较少。总之,未成年劳动力的生活费用与全部家庭成员人均生活消费支出各项相比,略有不同,但差距不大。这与现阶段农村整体生活水平较低有关,可以预见,随着收入的增多,家庭为孩子支付的生活费用将更多、更合理。

2.1.2 医疗保健费用分析

本书所指的医疗保健费包括治疗费和防疫、保健费两项指标。2003年农村劳动力再生产成本中医疗保健费为4805.28元,其中治疗费为3731.23元,占医疗保健费的77.65%,占全部总成本的

7.54%;防疫、保健费为1074.05元,占医疗保健费的22.35%,占全部总成本的2.17%。治疗费用占医疗保健费的相当大部分,而防疫费用则只占不到1/4,这说明现阶段在农村抚养孩子的过程中,依旧存在着治大于防的情况,在卫生防疫方面做得不够。当然,在农村有一部分儿童保健措施属于公共开支,对于家庭来说是免费的,而且现行的医疗服务体系中治疗费用过高,这两方面的原因可能会导致治疗费相对于防疫费较高的情况。

2.1.3 文教娱乐费用分析

本书所指的文教娱乐费包括学费、购置用品费及其他服务支出三项内容。2003年农村劳动力再生产成本中文教娱乐费为10 344.81元,其中学费为6151.52元,占文教娱乐费的59.46%,占全部总成本的12.44%;购置用品费为2982.78元,占文教娱乐费的28.83%,占全部总成本的6.03%;其他服务支出为1231.18元,占文教娱乐费的11.90%,占全部总成本的2.49%。这说明,在培育劳动力的过程中,文教娱乐方面的支出大部分还是用于向学校缴纳各种费用,另有约1/4是家长为学生购置学习用品的开支,只有一小部分为孩子享受其他娱乐或教育服务而支出的费用,如游览公园、外出旅游等。

2.1.4 工时费用分析

本书所指的工时费包括父母为养育孩子而误工造成的机会成本和其他亲戚照看、雇用他人照看等情况,它的计量是用误工时间、就业概率、市场工资率三者相乘的方法进行估算的。2003年农村劳动力再生产成本中工时费为3194.10元,其中来自父母的误工费为2524.14元,占工时费的79.03%,占全部总成本的5.10%;其他误工费为669.96元,占工时费的20.97%,占全部总成本的1.35%。

分析表明，现阶段在农村，因抚养孩子而误工导致的机会成本主要还是来自父母，尤其是母亲的工时费占据绝大部分。在传统的农村家庭中，女性的功能主要体现为养儿育女、操持家务，所以抚育孩子的责任基本上是由母亲来承担的，许多妇女因养育孩子而不能外出打工、干农活或从事其他非农经营。当然母亲在照看孩子的时候也能从事其他的家务劳动，这可以抵消抚养孩子的一部分机会成本。从当前的劳动力市场供求状况看，妇女外出就业是很困难的，但因要照看孩子而不得不留在家里，也确是影响女性寻求其他就业机会的一个重要因素。还有可能因生育孩子而使妇女丧失学习技能或参加就业培训的机会，也会影响其就业概率①。事实上，在农村劳动力向外流动的过程中，有很多女性是因考虑到了婚育年龄，不得不回到家乡，放弃在城里打工的机会，从怀孕到孩子 4、5 岁之前，一般就不再外出了②。另外，由于农村家庭中大多数是以男性劳动力的挣得作为家庭主要收入来源，成年男性进城打工较多，常年在外劳动的父亲在孩子成长过程中花费的时间较少，因此他所损失的机会成本是很少的。但在农村，因男女文化程度、社会地位等存在差别，家庭中父亲较母亲有更强的决策权，在遇到孩子生病或升学等大事时，就只好误工回家，这也构成了工时

---

① 明塞尔(2001)指出，按照挣得函数所示，市场时间的减少继而会降低未来工资率，原因在于非劳动力参与期间挣得能力的折旧。因折旧而损失的未来挣得的现值，是时间的机会成本的一个组成部分，因而也是孩子的机会成本的一个组成部分。劳动力退出的机会成本与孩子的机会成本并不完全是一回事，母亲们所放弃的市场导向的人力资本，是为获得子女的人力资本所必须支付的价格的一部分。

② 刘晓昀、Terry Sicular、辛贤(2003)研究表明，已婚者比未婚者从事非农就业的机会降低主要体现在女性劳动力，随着家庭中未成年人数量的增加，女性劳动力从事非农就业的机会降低，而男性劳动力从事非农就业的机会增加。苏群(2003)研究也显示，在其他条件相同的情况下，对农村女性劳动力而言，家中若有学龄前儿童，其外出打工的几率小于家中无学龄前儿童的农村女性。

费的一部分。此外,还有孩子的(外)祖父母或哥哥、姐姐等帮助带孩子的情况,这些人群如果不带孩子,也是不可能外出就业的,即使出去,收入也是极其微薄的,因此对他们而言,工时费是极低的。他们通常所做的,只是一边做家务,一边带孩子,以便减轻孩子父母的经济和生活负担,使其从繁重的家务中解脱出来,从事有更高报酬的工作,以增加家庭收入,为他们外出就业创造机会和方便条件,当然这也是间接的机会成本。因此这从经济上讲对农村家庭照料儿童是一个有益的补充。但从另一方面看,老人照料孩子也可能会导致溺爱、放任孩子等现象的出现,或者因他们文化水平低,在学习上不能指导孩子,或不能给予孩子很好的家庭教育而影响孩子的成长。并且,在农村,雇用保姆照料孩子的情况很少,这是和当前农村经济社会发展水平相适应的。一是因为家里一般总有人照看孩子,不需要雇用他人;二是因为目前农村家庭收入水平较低,一般无力承担保姆的费用,用不起也就不用了。

2.2

农村劳动力再生产成本各年龄段比较

农村劳动力再生产周期包括从母亲怀孕到孩子成长到 16 周岁,计 17 年的时间。孩子成长过程中不同年龄段内其各项成本的总量及构成是否存在差异,是本节要研究的主要内容。为了消除物价因素的影响,我们把 1987 年出生的这一代人(到 2003 年满 16 周岁)在其后各年发生的费用均按 1987 年不变价格进行换算,以比较不同年龄段未成年劳动力的培育成本。

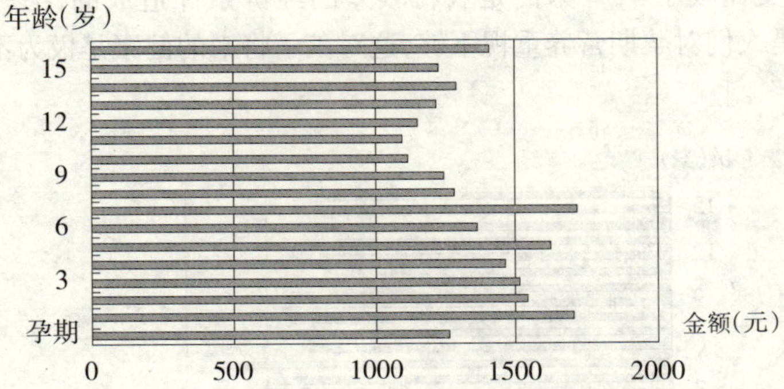

图 2-2　2003 年农村劳动力再生产总成本各年龄段比较

从图 2-2 可以看出,孩子成长过程中各年支出的总费用基本上相差不多,除个别年龄外,大致分布在 1000~1500 元的范围内。这与前人所做研究得出的结论是一致的。例如刘铮、段成荣(1989)的调查研究结果显示,孩子的年龄和抚养费用之间不存在显著的相关关系;叶文振(1998)的研究也表明,从分年龄的孩子经济成本来观察,不同年龄的孩子之间在费用支出上没有表现出很大的差别。

2.2.1 生活费用

在生活费用方面,各年龄段相差也不多,除孕期费用较低以外(为 407.90 元),其他各年龄的生活费用基本上都保持在 900 元左右。从相对份额来看,在各年龄段中,孕期生活费在总成本中所占比重较小,此外除个别年龄外,生活费在总成本中所占的比重基本上保持在 60%~70%之间,变化不大。在抚养孩子成长的过程中,日常生活所需的各项费用并没有因为孩子的年龄增长而呈现明显的增加或减少。农村妇女怀孕期间,包括吃、穿、用等方面的生活费用开支比较小①,一方面是农村较差的经济条件造成的,另一方面,是人们对孕期营养重视不够,这对孩子将来的健康是极为不利的。

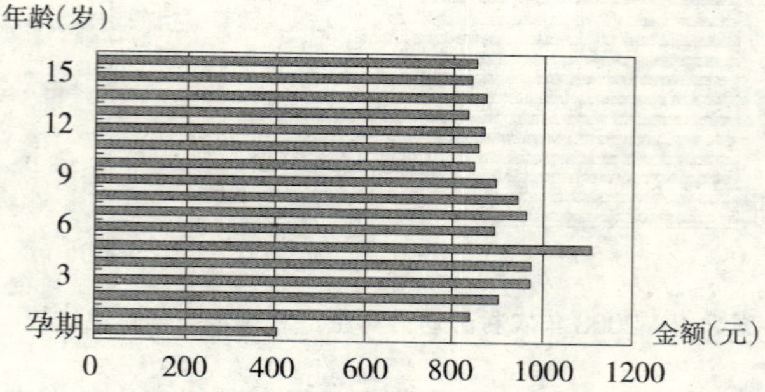

图 2-3 2003 年生活费各年龄段比较

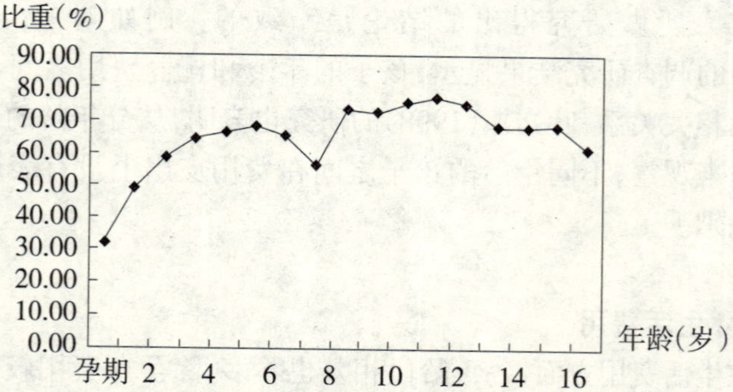

图 2-4 2003 年各年龄段生活费比重变动情况

① 叶文振(1998)对 1996 年厦门市孩子抚养成本所做调查表明,从母亲怀孕至孩子出生这段时期与孩子相关的费用平均为 2771.44 元,其中营养费 1099.89 元,医疗费(包括孕检费、住院接生费等)889.23 元,婴儿用品预购费 579.46 元,雇工照顾费用 118.54 元,胎教费用为 84.32 元。可见,妇女孕期无论是生活费,还是全部成本,城乡之间的差距都很大。

2.2.2 医疗保健费用

在孩子成长的不同阶段,医疗保健费基本上随着年龄的增长呈现出递减的趋势。从最高值 270 元到最低值 50 元,下降幅度比较大。

除个别年龄外,医疗保健费在总成本中所占的比重也是逐渐下降的。从最高值 17.88% 到最低值 3.68%,共下降了 14 个百分点,几乎每增长一岁就下降 1 个百分点,其下降速度也是非常快的。

这是由于随着孩子年龄的增长,身体素质和各方面的适应性均有所增强,抵抗各种疾病的能力也加强,因此用于治疗、防疫方面的费用逐渐下降。

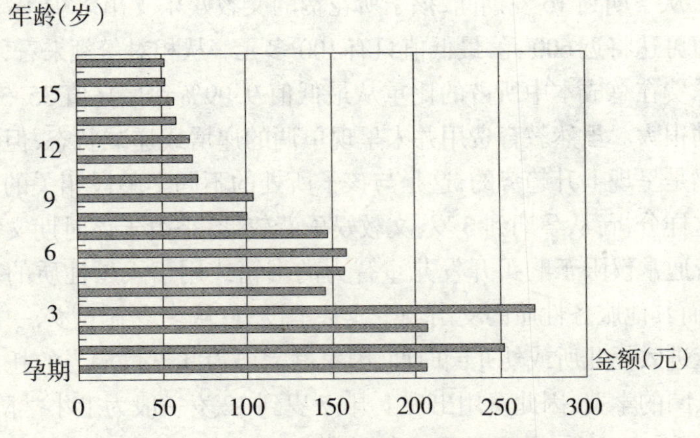

图 2-5 2003 年医疗保健费各年龄段比较

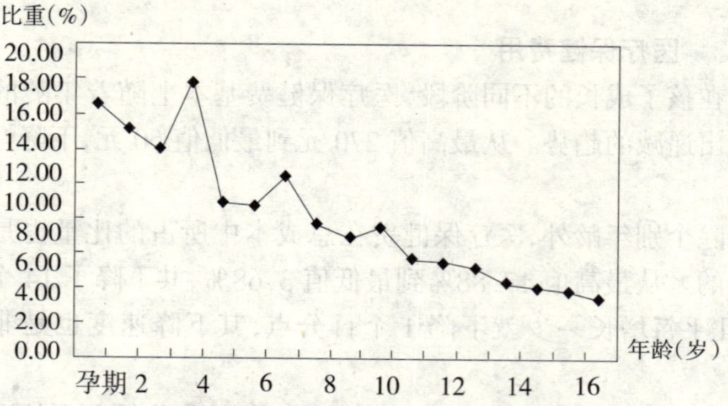

图 2-6 2003 年各年龄段医疗保健费比重变动情况

2.2.3 文教娱乐费用

从孕期到 16 岁期间,孩子所花费的文教娱乐支出多少不一,最高值可达将近 600 元,最低值只有 100 多元。从相对份额来看,文教娱乐费在总成本中所占的比重从最低值 9.09% 到最高值 35.54%,波动很大。虽然教育费用并未呈现单调的递增或递减状态,但总体上仍是呈现上升趋势的,这是与孩子所处的不同学龄段相关的。可以这样分析:从孕期到 3 岁,文教娱乐费较低,是由于该时期文教娱乐费通常仅限于购买开发儿童智力的书籍或用于娱乐性质的玩具等,而其他服务性质的支出较少或基本没有;从 4 岁到 6 岁,一般为儿童进入托儿所或幼儿园时期,因家庭需要为此支付相当的托儿费或入园的学费,因此费用出现上升;7 岁到 12 岁一般为上小学阶段,7 岁第一年上学,需要购买的书籍或学习用品可能会出现一次增多的现象,而且有时还需要一次性支付大额的入学费用,因此这一年的教育费用会出现大幅度增加的情况,而其他 5 年的费用变化不大,相对来说,较为平稳;13～15 岁一般为上初中阶段,这时用于学习和其他娱乐活动的开支将会出现较大增长,费用较小学阶段有明显的上升;16 岁开始上高中,费用较初中阶段又有一定的提高,又呈现一个大幅度增加的状态。因此,文教娱乐费用基本上是随着孩子处于各个不同的学习阶段而呈现增减变化的。

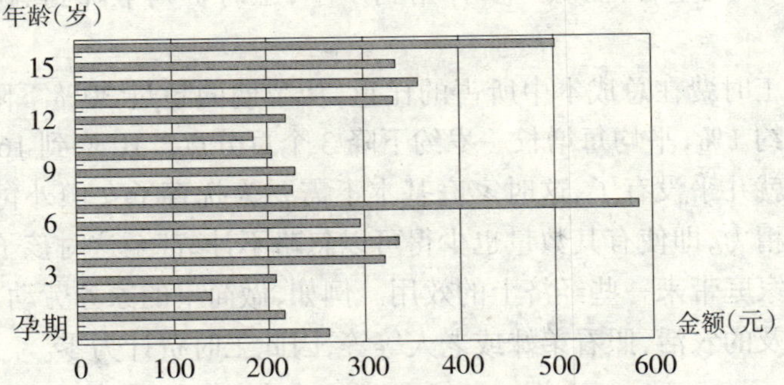

图 2-7 2003 年文教娱乐费各年龄段比较

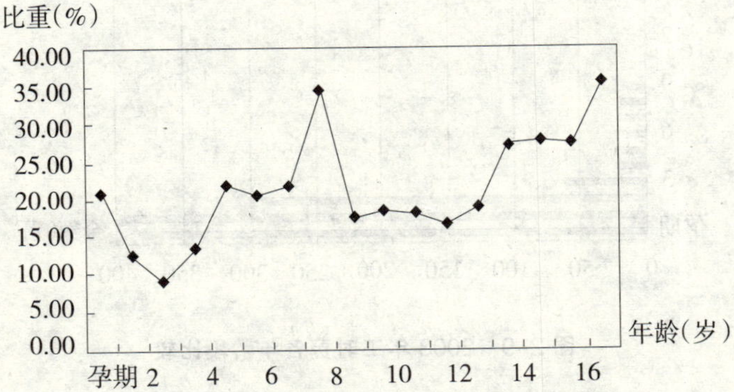

图 2-8 2003 年各年龄段文教娱乐费比重变动情况

2.2.4 工时费用

工时费用随着孩子年龄的增长呈现出显著的递减趋势。从孕期到 2 岁，工时费较高，约为 300～400 元；3 岁时工时费就已经下降到 60 元左右；而从 4 岁开始到 9 岁，工时费则下降到 30 元以内。

工时费在总成本中所占的比重，从孕期的超过 30% 下降到 9 岁的约 1%，平均每增长一岁约下降 3 个百分点。10 岁到 16 岁工时费就几乎没有了，这时家庭基本不需要为抚育子女额外付出时间或精力，即使有其数量也少得可以忽略不计，甚至这时孩子还可以为家庭带来一些经济上的效用。例如，做简单的家务劳动，干力所能及的农活，照看弟妹或老人等等，因此工时费计为零。

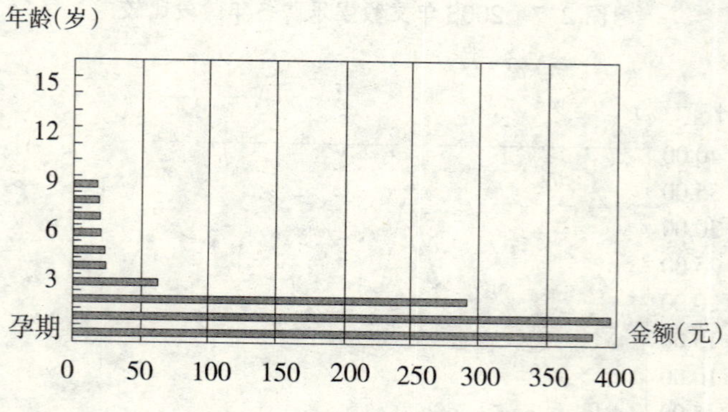

图 2-9 2003 年工时费各年龄段比较

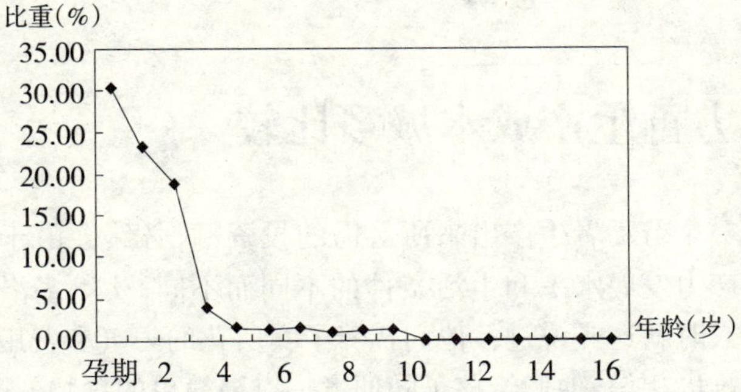

图 2-10　2003 年各年龄段工时费比重变动情况

从以上分析可以看出,在各个不同年龄段上,农村劳动力再生产过程中所耗费的成本总量基本上相差不大。从其构成的各个部分来看,生活费变化很小(除孕期外);医疗保健费大体上随着年龄的增长而递减;文教娱乐费在各年龄段呈阶段性变化,但基本上有规律可循,且总体上看是上升的;工时费则明显地随着年龄的增长而递减。把农村劳动力再生产过程中各个部分所占的比重随年龄增长而呈现的变化如图 2-11,可见其变化规律。

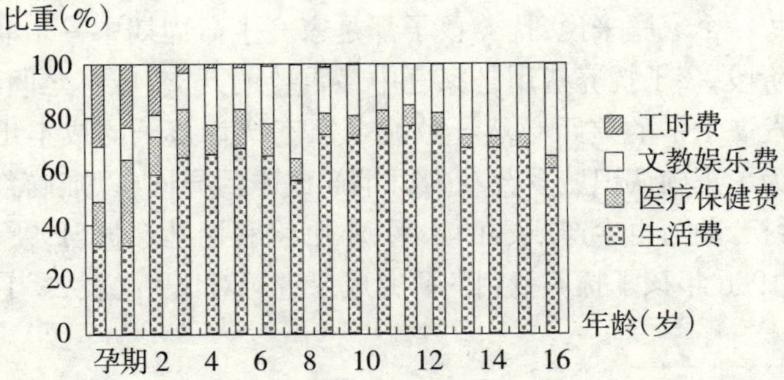

图 2-11　2003 年农村劳动力再生产成本各年龄段结构比较

2.3

劳动力再生产成本城乡比较

把一个劳动者生产出来所必需的投资额,必然会由于一定社会的生产力发展水平和生活条件的不同而不同,狄奥多洛斯谈到古埃及人时就这样说过:"他们抚养子女所花的力气和费用少得简直令人难以相信,他们给孩子随便煮一点最简单的食物,甚至纸草的下端,只要能用火烤一烤,也拿来给孩子们吃。此外,也给孩子们吃沼泽植物的根和茎,有的生吃,有的煮一煮或烧一烧再吃,因为气候非常温暖,大多数孩子不穿鞋子和衣服。因此父母养大一个孩子的费用总共不超过20德拉马。相反,社会生产力发展水平越高,社会平均生活水平越高,花在未来的劳动者身上的费用也就越多"(凌宏城　1986)。

在我国,改革开放以来,由于各种原因,城乡之间一直存在着较大的差距,这种差距不仅表现在城乡居民的收入水平上,也表现在人们的消费支出、生活方式、思想观念等社会生活的方方面面。对于每一个家庭来说,抚养孩子都是家庭生命周期中一个非常重要的阶段,孩子抚养费用是家庭中最重要的开支,城乡之间经济、社会发展水平的差距必然导致城乡家庭抚育孩子的成本出现差别。为了正确认识城乡劳动力再生产成本的异同,以准确判断我国农村劳动力再生产成本的水平,本书将利用叶文振(1998)对厦门市1996年孩子抚养费用的研究成果进行对比[①](表2-1)。

---

① 因调查内容有所不同,本书只是将两项研究中内容相同或相近的指标进行对比并将有关数据进行整理,忽略其他不可比的指标。

表 2–1 城乡劳动力再生产成本对比
(以 1996 年不变价格计算)

单位:元,%

地点	时间	总成本		生活费用		医疗保健费用		文教娱乐费用	
		金额	比重	金额	比重	金额	比重	金额	比重
城市	1996	122600.74	100.00	67174.23	54.79	9329.32	7.61	24660.65	20.11
农村	1997	31381.11	100.00	20832.18	66.38	2657.81	8.47	5979.54	19.05
农村	2003	39474.80	100.00	24832.41	62.91	3835.59	9.72	8257.26	20.92

注:①总成本中前者还包括零花钱、压岁钱、家庭生活服务支出;后者还包括工时费用;

②生活费用中前者包括食品、衣着、用品;后者还包括居住和交通通讯费用;

③城市数据为叶文振研究所得,农村数据为本书研究所得。

资料来源 根据叶文振:《孩子需求论:中国孩子的成本和效用》(1998)及本书调研资料计算整理。

通过以上比较,可以得出如下结论:

首先,农村劳动力再生产成本的总量明显小于城市孩子的抚养费用。在城市,1996 年抚养一个孩子从母亲怀孕起到孩子 16 周岁,其总成本为 122 600. 74 元。而在农村,将 1997 年的数据折算到 1996 年,其成本为 31 381. 11 元,占城市总成本的 26%。若将 1996 年和 1997 年视为同期,则在这一时期,农村劳动力再生产成本只占城市的约 1/4;将农村劳动力再生产成本 2003 年的数据折算到 1996 年,为 39 474.80 元,占城市总成本的 32%,相比之下,还不足城市水平的1/3。也就是说,按照当前的情况,在农村养育3个多孩子的费用水平只相当于在1996年养育1个城市孩子的水平。因此农村劳动力再生产成本的提高还是有较大的空间。

其次,从费用的构成情况来看,城乡劳动力再生产成本的医疗保健费和文教娱乐费两者的比例相当,并不存在明显的差异;而生活费用的比重城市明显小于农村。医疗保健费和文教娱乐费的比重相差不多,有可能是和调查所涉及的内容不同有关。但不管怎样,我们可以认为,在农村抚养孩子的方式正在同城市相接近,农村儿童人力资本投资结构正趋于优化,朝着科学、合理的方式转变。但因城市的资料是1996年所得,经过近几年的发展,城市抚养孩子的方式一定更加优化,费用也一定是增加的,可以说,2003年农村孩子的抚养方式接近于1996年城市孩子的抚养方式,但与现今城市孩子的抚养方式相比,无疑还存在着一定的差距。并且,农村孩子生活费用的比例较大(当然部分原因是费用包含的内容有所不同),说明在现有的条件下,农户抚养孩子的方式仍落后于城市。也就是说,农村儿童人力资本投资结构仍需进一步改善。

再次,城乡收入差距导致了城乡劳动力再生产成本上的差异。1996年厦门市孩子抚养费用为122 600.74元;1995年厦门城市居民家庭人均年收入为7135元;人均生活费年支出为5662.97元。2003年农村孩子抚养费用为49 454.57元;2003年河南省农民人均纯收入为2235.68元;农村居民生活消费人均总支出为1508.67元。将这三组数字进行对比,若不考虑物价因素的影响,两地城乡孩子抚养费用之比为2.48:1;人均年收入比为3.19:1;人均生活费支出比为3.75:1。从另一角度观察,年均孩子抚养费用(总成本除以17,得年均成本)与人均年收入之比在城市为1.01:1,在农村为1.30:1。年均孩子抚养费用(同前)与人均生活费支出之比在城市为1.27:1,在农村为1.93:1。所以,可以得出这样的结论，相对于家庭的收入和生活水平而言，农村劳动力的再生产成本并不低，相反，还要略高于城市水平。正因如此，我们认为，农村劳动力再生产成本的绝对值之所以偏低，主要的障碍因素是农户家庭收入太少，家庭无力支付更多的费用。在农村，现金收入本来就不多，还要预留一部分为下一年的农业生产作准备，剩下的有限的生活费中大部分都用于供养孩子，而成年人的生活只能维持在较低水平上。即便如此，农村孩子的抚养费用还是要比城市低得多。

除此之外，中国人民大学、北京经济学院以及零点调查公司等也都先后做过关于城市劳动力培育费用的调查和研究，由于篇幅所限，本书将不一一列举进行对比。而且到目前为止，此类研究中叶文振所做的最为详尽，将此与本研究进行对比，可以在某种程度上反映我国城乡劳动力再生产成本的异同。

另外，如果对劳动力培育成本进行国际比较，则我国农村劳动力再生产成本的水平就更低了。据 Canberra（2003）大学的研究，在澳大利亚，一个家庭把孩子养到 20 岁需要 $ 260 000，按 1∶8.3 的汇率计算，2003 年在澳大利亚培养一个新生劳动力所花费的支出约为中国农村的 44 倍，其差距是非常悬殊的。

2.4

本章小结

本章利用调查资料计算得出，2003 年农村劳动力再生产成本总量为 49 454.57 元，其中，生活费为 31 110.38 元，占 62.91%；医疗保健费为 4805.28 元，占 9.72%；文教娱乐费为 10 344.81 元，占 20.92%；工时费为 3194.10 元，占 6.46%。另外，处于不同年龄段的孩子抚育成本总量及其中的生活费用并未出现太大的变化，文教娱乐费用随着学龄的不同呈阶段性变化，而医疗保健费用和工时费用是随着年龄的增长而减少的。该结论和前人研究结果是基本一致的。

通过进一步分析，得出结论，在农村，家庭收入中要有30%以上部分用于抚育孩子。平均地看，一个孩子的花费约相当于两个成年人的开支，养育孩子给农户家庭带来了沉重的经济负担。虽然如此，在绝对值上，农村孩子的抚育费用仍远远低于城市，1996年在城市养育1个孩子的费用支出比2003年在农村养育3个孩子的成本总和还要略高些。我们认为，引起劳动力培育成本城乡间出现巨大差距的一个重要原因就是农民收入水平过低。

附录：劳动力培育成本对死亡赔偿问题的启示

据国家安全生产监督管理局副局长梁嘉琨透露，目前，我国煤矿业每年的死亡人数接近6000人，基本上都是农民工。他们的死亡赔偿因各地的经济发展、地方的财政政策和企业的经营状况不同而有所区别，一般仅1万元到5万元左右。农民工作为劳动力是廉价的，农民工生命也是廉价的。

一条人命价值几许？

哲人说：生命无价。

经济学家：20岁=20000美元。

南丹，矿难曝光后：4万元人民币。

《道路交通事故处理办法》：事发地平均生活费×10。

《国家赔偿法》：国家上年度职工平均工资的20倍。

《关于审理涉外海上人身伤亡案件损害赔偿的具体规定（试行）》：最高限额80万元人民币。

当前，由于法学界关于死亡赔偿问题一直争论不休，因此，我国《民法通则》对此还没有一个十分明确的规定，各行业根据业内的具体情况分别制定了相应的制度，这也就导致了现在人们所看到的在死亡赔偿办法上的法出多门、标准混乱的现象。由此而引发了许多争议，如死亡赔偿中的城乡区别更是成为人们指责的焦点。

对交通事故中的死亡赔偿，1992年国务院在《道路交通事故处理办法》中明确规定，交通事故发生后，死亡赔偿按事发地平均生活费计，补偿10年。因此而计算的死亡补偿中就出现了巨大的城乡差别，一个市民的生命价值可能会几倍甚至数倍于一个农民的生命价值。有很多人为此提出异议，认为人的生命是平等的，这种规定是对农民的一种歧视。

但若从劳动力再生产成本的角度来看待这一问题，恐怕就比较容易理解了。客观地讲，农村劳动力的抚育成本的确远远低于城市劳动力的抚育成本，使得在城市再生产劳动力的费用比农村多，因此从这个意义上来衡量两者的价值，就不得不认同城市居民的死亡赔偿应当高于农村居民的规定。

此外，《道路交通事故处理办法》明确了在道路交通事故中致人死亡的，须支付死亡补偿费。其计算方法为：按照交通事故发生地平均生活费计算，补偿十年。对不满十六周岁的，年龄每小一岁减少一年；对于年龄在七十周岁以上的，年龄每增加一岁的，减少一年；最低不少于五年。这一标准大概是要把生命成长的最基本成本支付给死者家属。依此，对人命的赔偿，仅限于不高于10年的生活费，而我们目前所采取的对生活费用的计算还仅仅停留在“吃”这一项上，所有如家庭为死者所支出的教育成本、医疗卫生成本和其他成本都被莫名地排除在“生活费用”之外。

而根据我们的研究，在劳动力的培养过程中，教育费用、医疗费用以及工时费用等也占据其全部成本的相当一部分，而且其比重随着社会的进步将越来越大。因此,该《办法》低估了生命的成本和价值,据此计算的死亡补偿金并不足以弥补劳动力的抚育成本,而且赔偿额过低对恶性事故的发生也不能起到有效的扼制作用。

由此,2004年开始施行的《关于审理人身损害赔偿案件适用法律若干问题的解释》将死亡赔偿金的赔偿标准调整为"人均可支配收入",在赔偿参数上有了明显的提高,赔偿年限也由过去的10年提高为20年。2005年4月5日国家安监总局局长李毅中在国务院新闻办公室举行的新闻发布会上已表示,赞成一些省份制定的煤矿事故每位遇难者赔偿标准不低于20万元的做法。新的标准大幅度加强了对相对弱势的受害人的保护,这种试图以法律的成长跟上社会脚步的做法,无疑极具实践意义。

从趋势上看,死亡赔偿正在由过去的赔偿成本向着赔偿未来收入损失的方向转变,前者是赔偿死者过去所"吃"掉的生活费,后者则是赔付死者如果不死将能"赚"到的钱。

在这两种相反赔偿原则下,赔偿的结果可能相差甚大,但不管何种赔偿标准,都应当充分考虑到劳动力的完全成本和其真正的价值。

资料来源 王琳、黄文灿:《死亡赔偿,一笔难算的账》,天涯法网,2002年1月11日;《生存堪忧,谁为农民做主》,央视国际,2003年11月17日;《矿难赔偿标准不低于20万元》,海峡导报,2005年4月7日。

3

农村劳动力再生产成本 20 年变动分析

劳动力培育费用在不同时期是不同的，它要受到社会、经济、文化等各种因素的影响。改革开放 20 多年来，农村社会发生了翻天覆地的变化，农村经济快速发展，家庭收入大幅度增长，人们的生活质量显著提高，文化习俗也大有改观，农民素质较改革初期明显增强，这些因素的变化必然引起家庭人口投资状况的变动。本章依次对 1983～2003 年间农村劳动力再生产成本的总量及结构进行分析，以反映农村家庭孩子抚养水平的变化情况。

3.1 总成本的变动

3.1.1 总量的变动

因不同年份利率差别很大，我们仍采用复利计算方法对各年的数据进行分析。

计算得出，1983 年农村劳动力再生产总成本仅为 3036.18 元，到 2003 年则高达 49 454.57 元，其增长速度是非常快的。即使消除物价因素的影响，农村劳动力再生产总成本 20 年间的变化也是很大的，2003 年的成本额为 1983 年的 6.13 倍，年均增长速度约为 9.49%。

相比之下，1983 年河南省农村居民人均生活消费支出为 196.21元，2003 年为 1508.67 元；1983 年河南省农村居民人均纯收入为 272.05 元，2003 年为 2235.68 元。同样剔除物价因素的影响，同期农村居民人均生活消费支出增幅为 2.90 倍，年均增速 5.75%；人均纯收入增幅为 3.09 倍，年均增速 6.12%。这两者的增幅都远远低于农村劳动力再生产成本的增幅。也就是说，在农民人均纯收入增速较慢、居民生活消费支出增幅不高的情况下，农村劳动力再生产的成本呈现出了较快的增长速度①。

---

① 虽然如此，与发达国家相比，我国农村劳动力培育成本仍很低。美国农业部资料显示，在过去的 27 年里，把一个孩子抚养到 18 岁的费用年均增长率为 14%（Longman 1998）；而本研究表明，在过去的 20 年中，把一个农村孩子抚养到 16 岁的费用年均增长 9.49%，两者相差约 4.51 个百分点。

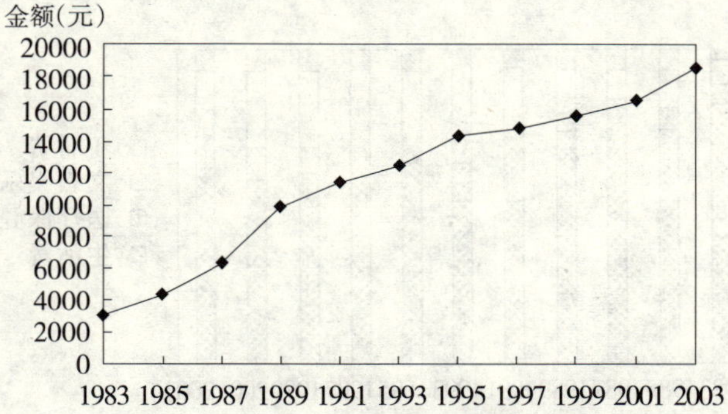

图 3-1 1983~2003 年农村劳动力再生产总成本变动情况

(以 1983 年不变价格计算)

3.1.2 结构的变动

在本研究中,农村劳动力再生产成本由生活费用、医疗保健费用、文教娱乐费用和工时费用四项内容构成,它们的增减变化导致了总成本的变动。为了找出总成本变动的直接原因,需要对各个不同时期总成本的结构进行分析。从图 3-2 可以看出,大体上,生活费在总成本中所占的比重随着时间的推移,呈现逐步减少的趋势;与之相反,医疗保健费、文教娱乐费和工时费三项的比重却呈现上升的趋势。从变动的幅度来看,生活费下降的幅度较大,文教娱乐费上升的幅度也较大,而医疗保健费和工时费上升的幅度较小。换句话说,生活费下降的部分,大多数为文教娱乐费的上升所取代,少数为医疗保健费和工时费的上升所取代。当社会经济发展到一定水平时,人们的消费支出将由生存型逐步向发展型、享受型转变,这是经济发展的客观规律。生活费的相对降低和文教娱乐费的相对提高正是这一规律的具体体现。

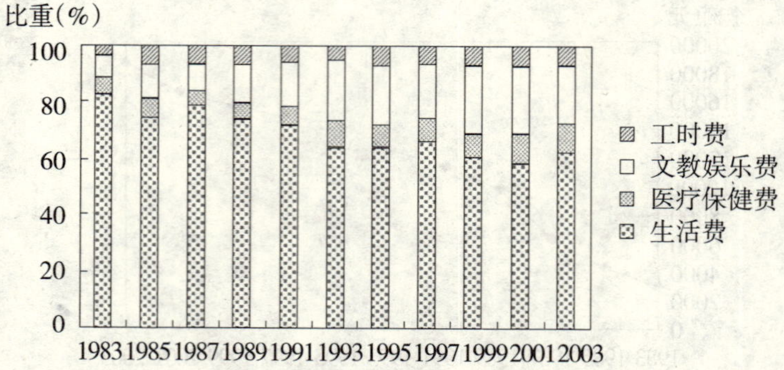

图 3-2　1983~2003 年农村劳动力再生产成本结构比较

另据范剑平(2001)对中国城乡居民 1985~1998 年消费结构的变化趋势所做的研究,从农民的消费结构看,我国农村温饱型消费阶段"吃、穿、住"三个消费热点逐渐降温,恩格尔系数下降,以教育文化、耐用消费品为主的农村新消费热点正在形成,农村教育文化和娱乐类耐用消费品的消费比重在逐步提高。他得出结论,改革以来,农民消费结构已完成了从贫困型向温饱型的转变,并且正在由温饱型向小康型的消费阶段迈进。并且预计到 2010 年左右,我国农民消费结构将完成由温饱型向小康型的转变。在本研究中,对农村劳动力再生产成本的结构所做的分析恰好符合这一趋势。

为了更进一步研究构成劳动力再生产成本的各部分变动对总变动的影响,本研究借用结构变动度的概念对农村劳动力再生产的成本进行分析。结构变动度是用来考察平均每年消费结构变动程度的指标。一般用期末各类消费占总消费的百分比减去期初同类消费占总消费额的百分比,将差额的绝对值相加即获得一定时期的结构变动值,将结构变动值除以考察期年数即为平均每年的结构变动度。

结构变动度 = $\sum\left|X_{i1}-X_{i0}\right|$/年数

其中，X_{i1}为期末各项费用占总成本的比重，X_{i0}为期初各项费用占总成本的比重。

i=1,2,3,4；分别表示生活费、医疗保健费、文教娱乐费、工时费四项。

我们以1993年为界，分别考察前10年和后10年的结构变动度，然后再对20年整体的结构变动度进行计算。

表3-1　1983、1993、2003年农村劳动力再生产各项成本所占比重

单位：%

年份	生活费	医疗保健费	文教娱乐费	工时费
1983	82.96	5.93	7.76	3.35
1993	64.14	8.68	22.85	4.34
2003	62.91	9.72	20.92	6.46

资料来源：根据实地调研资料计算整理。

从表3-2可以看出，农村劳动力再生产成本各项的变动度整体上呈减缓趋势。1983～1993年的结构变动度为每年3.77个百分点，1993～2003年结构变动度降为每年0.63个百分点，下降幅度很大。

表3-2　农村劳动力再生产成本各项费用结构变动度

项　目	1983~1993	1993~2003	1983~2003
生活费用	0.1882	0.0123	0.2005
医疗保健费用	0.0275	0.0104	0.0379
文教娱乐费用	0.1509	0.0193	0.1316
工时费用	0.0099	0.0212	0.0311
结构变动值	0.3765	0.0632	0.4011
年均结构变动度	0.0377	0.0063	0.0201

从表3-3各项费用对结构变动度的贡献率看,20年间总成本的变动主要是因生活费和文教娱乐费的变动导致的。前10年结构变动度大主要是因为生活费用和文教娱乐费用变化幅度非常大,这两项对总变动度的贡献率占到90%以上;而后10年生活费用的变化幅度显著下降,贡献率也快速下降,虽然工时费用的贡献率明显上升,但由于工时费用在总成本中所占比重很小,所以这一时期整体变动度呈下降趋势。这和前面的分析是吻合的。

表3-3 各项成本对结构变动度的贡献率

单位:%

项目	1983~1993	1993~2003	1983~2003
生活费用	49.99	19.46	49.99
医疗保健费用	7.30	16.46	9.45
文教娱乐费用	40.08	30.54	32.81
工时费用	2.63	33.54	7.75

3.2 生活费用的变动

3.2.1 总量的变动

1983~2003年间,农村劳动力再生产成本中生活费从2518.85元上升到31 110.38元,剔除物价因素的影响,2003年的生活费为1983年的4.65倍,年均增长速度约为7.98%。虽然生活费绝对值的显著上升能够表明农村孩子吃、穿、用等方面的生活条件在过去20年里有了很大的改善,但同总成本的上升幅度相比,生活费的年均增长速度要低1.51个百分点,生活费上升速度较慢可以反映出生活费在总成本中所处的地位在逐渐下降。

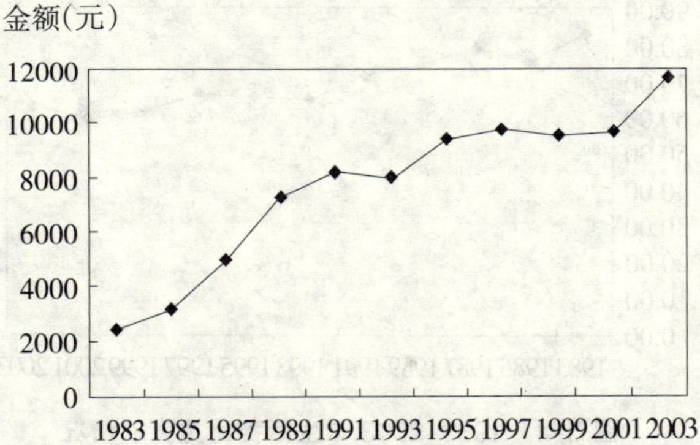

图3-3 1983~2003年农村劳动力再生产成本——生活费变动情况(以1983年不变价格计算)

3.2.2 结构的变动

20年来,生活费在农村劳动力再生产总成本中所占的比重呈明显的下降趋势。从最高值1983年的82.96%到最低值2001年的58.99%,相差23.97个百分点,是总成本中变化幅度最大的一项。恩格尔定律表明,随着家庭收入和生活水平的提高,食品支出在总消费支出中的比重将逐渐下降。生活费作为满足孩子基本生活需要而必须支出的成本,在总成本中所占比重逐年降低,在某种程度上可以看做这一规律的反映。事实上,在全部生活费中,食品支出约占1/2左右,居住支出约占1/4,其他穿着、用品和交通费支出约占1/4。在不同的年份各项支出占生活费的比重变化不大,未出现明显的升降规律,但由于生活费在总成本中所占比重随着时间的推移而降低,因而食品等各项费用在总消费支出中的比重确实呈现了下降趋势。

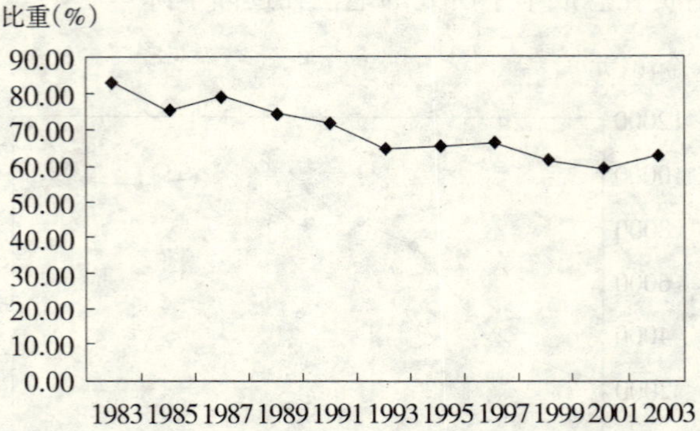

图 3-4　1983~2003 年生活费比重变动情况

3.3

医疗保健费用的变动

3.3.1　总量的变动

1983～2003 年间，农村劳动力再生产成本中医疗保健费从 180.03 元上升到 4805.28 元，剔除物价因素的影响，2003 年的医疗保健费为 1983 年的 10.04 倍，年均增长速度约为 12.23%，增速比总成本的高 2.74 个百分点。身体素质是人力资本的一个重要方面，家庭对孩子进行卫生保健投资，通过提高孩子的健康资本存量而提高了孩子的质量。已有研究证明，更健康的儿童养育措施不仅有利于提高其成年以后的生产力，还能够延长其预期寿命，收入期的延长反过来又促进了对教育、培训等方面的投资。医疗保健费的快速增长表明人们在抚养孩子的过程中，越来越重视对孩子健康资本的投资,这对提高农村儿童人力资本积累水平具有重要的意义。

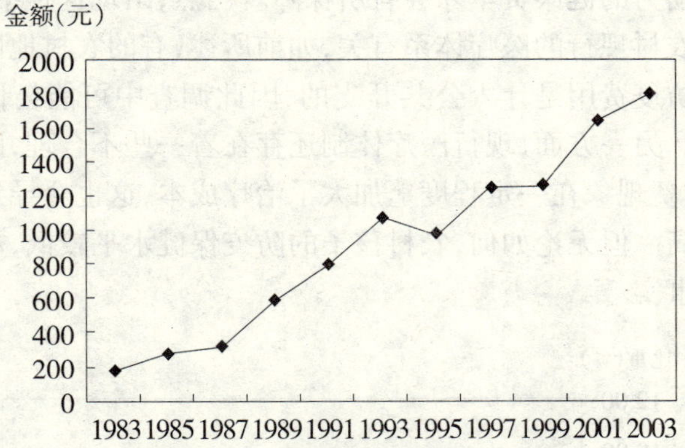

图 3-5　1983~2003 年农村劳动力
再生产成本——医疗保健费变动情况
(以 1983 年不变价格计算)

3.3.2　结构的变动

20 年间,医疗保健费在劳动力再生产总成本中所占的比重有所提高,从最低值 1987 年的 5.17%到最高值 2001 年的 10.03%,上升了 4.86 个百分点,虽然变化幅度较小且略有波动,但总的来说基本趋势还是上升的。医疗保健费主要由治疗费和防疫保健费两项内容构成,从数值的构成来看,大多数年份治疗费占医疗保健费的 80%～90%,而防疫保健费只占 10%～20%,且两者上涨的速度相差不多,因此可以说主要是治疗费的上升推动了医疗保健费的上升。医疗保健费所占比重上升可以视为人们对孩子的身体健康更为关注,但大多数费用用于治疗疾病,而不是用于预防和保健,说明为积累健康资本而进行的投资还不是很合理。只有当防疫保健费占有相当份额的时候,也就是说,人们把更多的资金投入到保持和进一步提高身体素质，而不是用来应付各种疾病的时候，未来劳动力的健康资本才会有所保障。当然，出现这种结果，也可能是与农村现行的医疗体系有关，如前所述，有的农村地区对农户孩子的防疫费用是计入公共开支的，因此调查中可能会低估了防疫费用。另一方面，现行医疗体制还存在着一些不合理，医药费过高、滥收费现象在一定程度上加大了治疗成本，这也会导致治疗费相对较高。但无论如何，农村孩子的防疫保健水平较低，却是一个不争的事实。

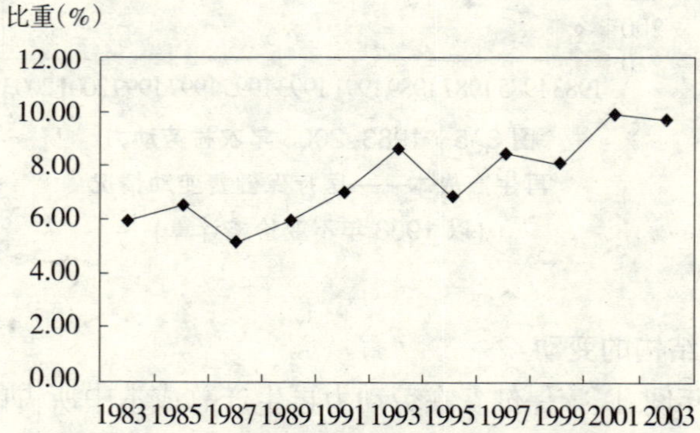

图 3-6　1983~2003 年医疗保健费比重变动情况

3.4

文教娱乐费用的变动

3.4.1　总量的变动

1983～2003 年，农村劳动力再生产成本中文教娱乐费由 235.62 元上升到 10 344.81 元，剔除物价因素的影响，2003 年的文教娱乐费为1983年的16.52倍,年均增长速度约为15.05%。同总成本相比,文教娱乐费的年均增长速度要高5.56个百分点,在总成本中是增幅最大的一项开支。智力资本和健康资本一样,都是人力资本中不可或缺的重要方面。人口质量的提高在很大程度上是由于接受了更多的教育,特别是对于未成年劳动力而言,获取智力资本最基本的途径就是学校教育。因为教育具有年代效用的作用,那些从小就是文盲的孩子,在其长大之后还要继续过着很少或根本不可能有机会上学读书的生活;而受过较多教育的孩子在进入成年期以后,却会获得教育所带来的收益。因此现阶段对儿童的智力投资越多,未来的收益也就越大。近年来,随着人们收入的增加,家庭对子女所进行的教育投资出现大幅度增长,将会有力地提高农村儿童的智力水平,进而对农村人力资本的积累产生重大的影响。

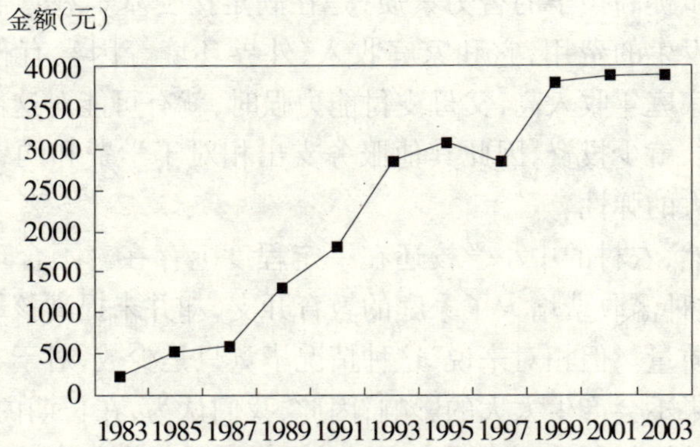

图3-7 1983~2003年农村劳动力再生产成本——文教娱乐费变动情况(以1983年不变价格计算)

3.4.2 结构的变动

20年间,文教娱乐费在劳动力再生产总成本中所占的比重在总体上呈现出明显的上升趋势。从最低值1983年的7.76%到最高值1999年的24.38%,上升了16.62个百分点,变化幅度是比较大的。具体地说,文教娱乐费包括学费、购置用品费及其他服务支出三项内容,从各年的数据可以看出,学费约占全部文教娱乐费的60%~70%,而购置用品费约占文教娱乐费的20%~30%,其他服务支出的比重则有较大的变化,2%~17%不等,大部分年份约在10%左右。一般来说,向学校(幼儿园)缴纳的学费和为了孩子正常学习需要而购买的书本文具等学习用品的开支是固定的,也是必需的,所以这两部分费用基本上维持在一定的比例,不会发生太大变化。但课外辅导班、外出游玩等其他服务支出,目的是为了进一步提高孩子的智力素质,是在满足接受基本教育需要的基础上而发生的费用,它和家庭收入、外界环境等因素有很大的关系。当家庭年收入高,父母支付能力强时,就有可能对这部分多投资;反之,就少投资,因此其他服务支出相对于学费和购置用品费具有较大的弹性。

当然,农村的中小学校还在一定程度上存在着不合理的收费现象,这种滥收费增大了家庭的教育开支,却并未提高孩子所接受的教育质量。但相对来说,这种情况毕竟只是少数,对于本研究分析的结果不会产生太大的影响,因此,我们认为,在长期内,文教娱乐费用的增加的确可表明农户对孩子的质量投资加大。

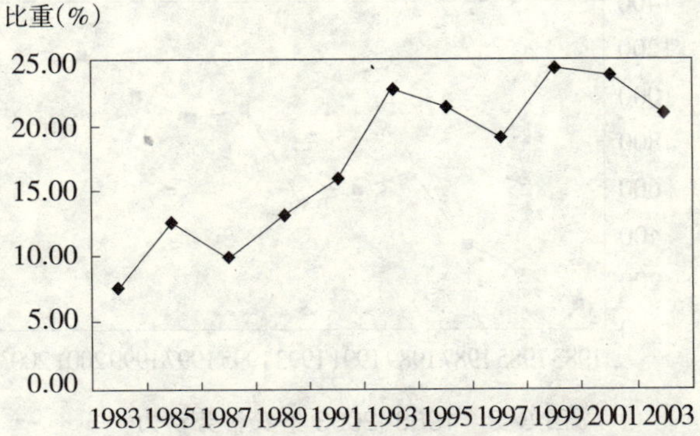

图 3-8　1983~2003 年文教娱乐费比重变动情况

3.5

工时费用的变动

3.5.1　总量的变动

1983～2003 年,农村劳动力再生产成本中工时费从 101.68 元上升到 3194.10 元,剔除物价因素的影响,2003 年的工时费为 1983 年的 11.82 倍,年均增长速度约为 13.14%。

同总成本相比,工时费的年均增长速度要高 3.65 个百分点,其速度也是比较快的。父母对孩子的抚养照料,尤其是做母亲的从劳动市场的退出,代表了他们对孩子进行人力资本投资的一个因素(明塞尔　2001),因此,工时费的大幅度增加也可以促进儿童人力资本存量的提高。

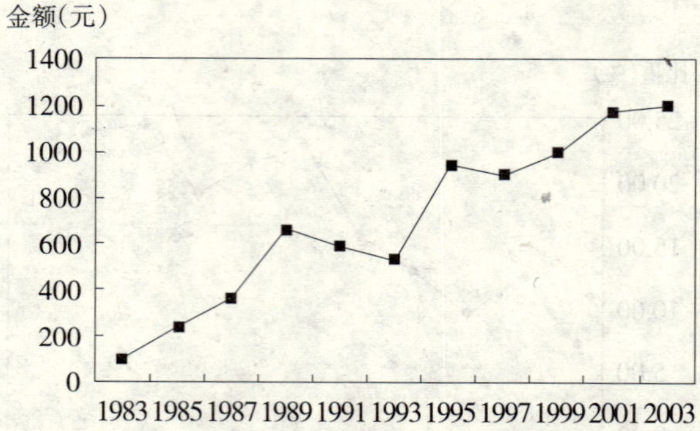

图 3-9　1983~2003 年农村劳动力再生产成本——工时费变动情况（以 1983 年不变价格计算）

3.5.2　结构的变动

20 年间，工时费在总成本中所占的比重也有一定程度的提高。从最低值 1983 年的 3.35% 到最高值 2001 年的 7.19%，上升了 3.84 个百分点，虽然上升幅度不是很大，但因其基数较小，所以增长速度还是较快的。工时费增加的原因有两个：一是抚育儿童所需的时间增加；二是如果不照看孩子，则其外出就业的机会增加，收入提高，这两种情况也可能同时发生。研究结果显示，在工时费的构成中，父母的机会成本约占总额的 70%～90%，其余约 10%～30%来自于他人照料孩子的机会成本，且各年中两部分上涨的速度相差不多。从农村现实情况看，父母尤其是母亲的机会成本占误工损失的绝大部分，其他来自(外)祖父母、兄姐或其他亲戚的误工费只占很少的一部分。而且，随着社会的发展，农村家庭逐渐由传统的大家庭向核心家庭转变，老人与年轻人同住的比例在降低，也有一些年轻人出于各种考虑（怕教育不好孩子、不放心孩子安全等)宁愿自己苦点累点也不愿把孩子交给老人抚养,这些因素也减少了(外)祖父母照看孩子的机会。通过以上分析可以认为,抚养孩子的工时费随着时间的推移而增加,一方面是母亲更加重视对孩子的培养和教育,为了孩子有一个良好的成长环境,宁愿放弃一部分收入也要把更多的时间用于照料子女,从而抚育儿童所占用的时间增加;另一方面是母亲如果外出就业可能得到的收入有所增加,它可以看做母亲的时间价值在提高,这也是社会进步的表现。

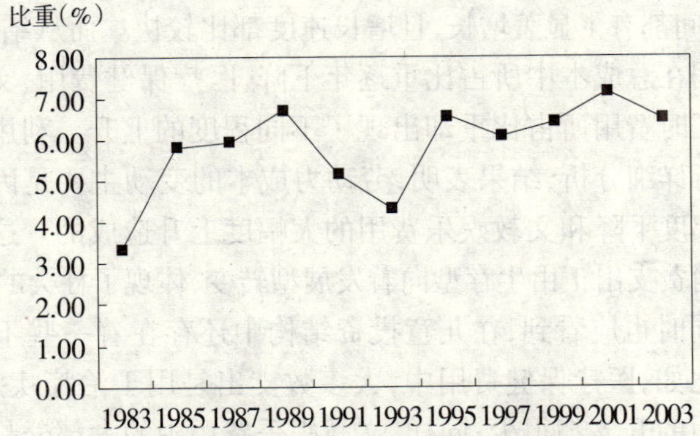

图 3-10 1983~2003 年工时费比重变动情况

此外,孩子抚养成本中还应包括另外一种机会成本——孩子上学期间放弃的挣得,即如果他们将在校学习的时间花费于有收益的就业上所可能挣得的收入。但像本研究前面所提到的那样,按照目前的规定,只有当一个人成长到16周岁,他才可以进入劳动力市场,从事有报酬的工作。所以一般来说,在孩子接受早期教育阶段,他们因上学而放弃的挣得是很少的,只有在后来的高等教育阶段,放弃的挣得才构成学校教育成本的最大一部分(明塞尔2001),因此本研究忽略这一部分成本。

3.6 本章小结

通过本章的分析可知,在1983~2003年间,农村劳动力再生产成本总量有了很大提高,儿童人力资本投资结构也出现明显的优化。具体地说,劳动力再生产成本的总量及各构成部分的绝对值在这20年间都有了显著增长,且增长速度都比较快。而从结构上看,生活费用在总成本中所占比重逐年下降,医疗保健费用、文教娱乐费用和工时费用所占比重却出现了不同程度的上升。利用结构变动度进行详细分析,结果表明,劳动力成本的变动主要是因生活费用的大幅度下降和文教娱乐费用的大幅度上升造成的。这反映出儿童的消费支出正由生存型向着发展型转变,体现了社会的进步。

但同时也应看到,在儿童投资结构中还存在着一些不合理的地方。比如,医疗保健费用中,大多数支出是用于治疗疾病的,而保健方面的开支却很少;同样,文教娱乐费用中的大部分是用于缴纳学费的,而进一步提高孩子智力水平的其他投入所占比例特别低。所以说,农村孩子抚养成本的水平还有待提高,人力资本投资结构仍需继续改善。

附录:不同学者对农村劳动力再生产成本研究的比较

从1978年至今,我国许多学者已从不同角度对各地农村劳动力的培养成本做了大量的调查和研究。以下分别就几个不同年份将本研究结论与其他一些研究进行重点对比,一方面可以看出各地农村间存在的差别,另一方面也可视为对本研究的一种证明。当然,考虑到资料的可获得性,未能将各项研究一一列举,遗漏之处在所难免,但至少可以在一定程度上达到我们的目的。

(1)1978~1983 年。早期,国内关于劳动力抚育成本所做研究较少。据刘铮等人的调查,1978 年在农村培育一个年满 16 周岁的劳动力大约要花费 1630 元,其中家庭支出为 1196 元,国家支出为 434 元。在本研究中,1983 年农村家庭要培育一个劳动力到 16 周岁,其成本为 3036.18 元,剔除物价因素的影响,将其换算到 1978 年为 2739.44 元(其中误工费为 91.74 元)。为了保持资料的一致性,去掉误工费,1983 年农村家庭再生产劳动力的成本比 1978 年多 1400 多元,约相当于多出 1978 年的 1 倍多,即在 1983 年养育一个农村孩子的成本,在 1978 年可养育 2 个多农村孩子。可见,短短几年,农村劳动力再生产成本的变化幅度非常大。

另外,复旦大学人口研究所郭申阳计算出,1983 年在浙江农村家庭抚养一个孩子到 14 岁总投资为 4172 元,在本研究中,1983 年抚养一个孩子到 16 岁家庭投资为 3036.18 元,两者的研究结果相差不多。该资料可以作为对本研究的印证。

(2)1985~1987 年。20 世纪 80 年代中后期,中国人民大学、北京经济学院及其他一些单位相继在各不同省份做了该项研究,下表即将各地研究与本研究进行简要对比。

从附表 3-1 可以得出如下结论:首先,由于社会经济条件的不同,各地农村家庭劳动力培育费用相差很大。从这 3 年的资料看,北京地区的孩子抚养费用很明显要高于其他农村地区,有的差距甚至达到并超过一倍。当然有部分原因是调查内容和统计指标不一致造成的差异,但更多的原因是地区间发展水平各不相同导致的。发展水平较高的地区,农户在培育劳动力过程中的投入相对较多,成本就要高一些;反之,贫穷落后地区的劳动力抚育成本相对较低。此外,地区间物价水平的差别也是引起劳动力成本差异的一个因素。其次,从各部分构成来看,个别项目所占比例也出现较大的差异,有的差距甚至达到2～3倍。但总体上看,生活费在总成本中均占有绝对的比重,最少的地区也达到70%以上,而医疗保健费和文教娱乐费所占比重都偏小。这说明在当时的条件下,农村家庭抚养孩子的方式是较为低下的,绝大部分开支是用来维持吃、穿、用等基本的生活需要,而用于提高孩子身体素质和智力素质的医疗保健费和文教娱乐费明显不足,意味着当时农村儿童人力资本投资水平偏低。

附表 3-1 1985~1987 年不同地区农村劳动力再生产成本对比
(按当年价格计算)

单位:元,%

地点	时间	总成本		生活费用		医疗保健费用		文教娱乐费用	
		金额	比重	金额	比重	金额	比重	金额	比重
河南	1985	5095.95	100.00	3818.92	74.84	335.07	6.58	644.74	12.65
辽宁	1985	8143.00	100.00	7568.00	92.90	230.00	2.80	345.00	4.20
山东	1985	5375.00	100.00	4896.00	91.10	141.00	2.65	338.00	6.30
北京[1]	1986	12138.00	100.00	–	72.00	–	6.80	–	15.50
北京[2]	1986	9011.00	100.00	7246.00	80.41	426.00	4.70	843.00	9.40
江苏	1986	4406.00	100.00	–	–	–	–	320.00	7.30
河南	1987	7907.89	100.00	6242.09	78.94	408.85	5.17	785.90	9.94
陕西	1987	5083.00	100.00	4166.00	82.00	313.00	6.90	604.00	11.90
湖南	1987	5871.00	100.00	4891.00	83.30	211.00	3.60	769.00	13.10

注:①北京[1]为中国人民大学刘铮等人所做的调查;北京[2]为北京经济学院所做调查的结果;

②河南数据为本研究结果,下同。

资料来源 根据叶文振:《孩子需求论:中国孩子的成本和效用》(1998)及本文调研资料整理。

(3)1995年。西安交通大学朱楚珠调查,1995年在陕西农村,生养孩子的直接成本为30 120元,其中营养费15 057元,占50.0%;医疗费2581元,占8.6%;穿用费3516元,占11.7%;娱乐费696元,占2.3%;教育费2700元,占9.0%;交通费880元,占2.9%。而本研究中1995年河南农村劳动力的抚养成本为26 697.96元,相比之下,两者存在着一定的差距,但相差数额并不大。

附表3-2 1995年不同地区农村劳动力再生产成本对比
(按当年价格计算)

单位:元,%

地点	总成本		生活费用		医疗保健费用		文教娱乐费用	
	金额	比重	金额	比重	金额	比重	金额	比重
河南	26697.96	100.00	17363.40	65.04	1831.67	6.86	5735.36	21.48
陕西	30120.00	100.00	19453.00	64.58	2581.00	8.60	3396.00	11.30

资料来源 ①朱楚珠,张友干:《中国咸阳部分农村孩子成本与效益研究》,载《人口与经济》,1996(5);

②本研究实地调研资料。

总之,中国地域辽阔,广大农村之间生活条件存在着较大差别,消费模式也不尽相同,尤其是农村改革之后,受自然条件、文化传统、社会经济条件的影响和制约,各地农村的发展水平参差不齐,由此导致不同地区农村劳动力再生产成本也会存在着一定的差异。

4

农村劳动力再生产成本影响因素分析

通过对农村劳动力再生产成本 20 年间的变化情况进行分析，可以看出，其成本无论是总量还是结构，都发生了较大的变化。而对农村劳动力再生产成本在不同地区间的横向比较也发现，劳动力再生产成本地区间差异也是很大的。究竟是什么原因导致了劳动力成本出现了差异？影响农村劳动力再生产成本的因素到底有哪些？

根据实际调查中所掌握的情况，并结合前人研究的成果，可以将影响农村劳动力再生产成本的因素分为两个方面，即家庭特征和孩子个人特征。家庭特征包括父母年龄、婚龄、受教育程度、家庭经济收入等;个人特征包括孩子的胎次、是否独生子女、性别等。为了简化分析,本章选取最主要的特征,即家庭收入、父母受教育程度、孩子性别、是否独生子女等四项来研究它们是怎样影响劳动力生产成本的总量及其构成变化的[①]。

4.1 单因素影响分析

4.1.1 性别差异

在我国农村地区,男女孩子在家庭中的地位是不同的,他们成长过程中所花费的成本以及日后给父母所带来的效用也是不同的。根据调查资料计算,男孩的再生产总成本为 12 849.49 元,女孩为 10 823.34 元,男孩的抚育成本比女孩多 2026.15 元,为女孩成本的 1.19 倍。分项目来看,不同性别孩子成本的主要差异在于生活费的不同,男孩的生活费要比女孩高 1694.79 元,可以解释男女孩成本差异的 83.65%,其余的 16.35% 则依次是因医疗保健费、文教娱乐费和工时费的差异引起的。虽然这三项的差别不是很大,但都表现为男孩的费用大于女孩。这说明,在我国农村,重男轻女现象仍存在,且较为严重,农户家庭在抚养孩子的过程中,对男孩的各种投入都要高于女孩。对于男女孩的生活费用差异较大,我们可以这样理解,一方面,因生活费在总成本中所占的比重

① 因文中包含不同年份的样本,为了消除物价因素的干扰,在本章中,所有涉及孩子抚养费用的数据均为按 1983 年不变价格计算所得,这样才可以明确区分所研究的各因素对劳动力生产成本的影响。

本来就大,该项成本差异大是自然的;另一方面,受农村社会经济发展水平的制约,总的来说,劳动力再生产成本水平不高,在构成总成本的各项费用中,除了生活费以外,其他医疗保健费和文教娱乐费基本上都是必需发生的费用。例如,只要孩子上学,无论是男孩还是女孩,都必须缴纳相同的学费(当然,因经济状况差,女孩上不起学的现象另当别论);同样,如果孩子生病了,不管是男孩还是女孩,家长都要尽可能让孩子就医,医药费不会因男孩女孩而有差别。但生活费则为相对随机的项目,受家长主观意识和家庭客观条件约束较大,受男孩偏好的影响,父母可以在孩子吃、穿、住、用等方面因性别不同而提供不同的条件。尤其是住房,在农村,传统习俗使得许多农民把给儿子结婚用当成建房的主要目的,把儿子当做毕生希望的寄托,所以会竭尽所能地给男孩提供更好的生活条件,女孩则不然。

表 4–1 不同性别孩子的劳动力再生产成本差异

单位:元

	总成本	生活费	医疗保健费	文教娱乐费	工时费
女孩	10823.34	6994.83	833.60	2272.04	720.72
男孩	12849.49	8689.62	1066.08	2364.27	728.85

资料来源 根据实地调研资料计算整理。下同。

4.1.2 独生子女差异

随着计划生育政策的出台,农户家庭规模在这些年发生了很大的变化,孩子数量逐渐由以前的二胎、三胎甚至多胎向一胎转变,农村中出现了越来越多的独生子女户。在家庭条件有限的情况下,孩子数量的多少直接影响着家庭对每个孩子投资的多少。同理,因不同胎次孩子所对应的家庭生命周期不同,孩子的胎次对其抚养成本也有一定的影响。已有研究表明,第一胎孩子的抚育成本要高于以后胎次孩子的成本(朱楚珠、张友干 1996)。为了分析的方便,我们只研究独生子女身份对孩子成本的影响,忽略非独生子女中不同胎次的差异。

经计算得出,独生子女的抚育总成本平均为16 651.09元,而非独生子女的总成本为7617.61元,独生子女的成本为非独生子女的2.19倍,比非独生子女的成本多9033.48元,也就是说,养育一个独生子女的费用比养育两个非独生子女的费用还要多,其差距是非常大的。具体地说,两者的生活费差距为4994.97元,能够解释全部差异的55.29%;医疗保健费差额为1003.15元,占全部差额的11.10%;文教娱乐费差额为2411.99元,解释全部差异的26.70%;工时费差额为621.60元,解释全部差异的6.88%。虽然生活费仍占总成本差额的多数,但可以看出,文教娱乐费和医疗保健费的差额明显加大,这说明独生子女与非独生子女在智力资本和健康资本方面的投资存在很大的差别。独生子女农户用两倍于非独生子女的费用来抚育孩子,一方面可能是因为独生子女户的家庭经济条件较好,另一方面也说明了这类家庭的父母对孩子的质量投资极为重视,在孩子的培养过程中付出更多的成本。这也是孩子数量质量替代理论的一种体现。

表4–2 独生与非独生子女劳动力再生产成本的差异

单位:元

	总成本	生活费	医疗保健费	文教娱乐费	工时费
独生子女	7617.61	5501.15	481.24	1198.21	436.39
非独生子女	16651.09	10496.12	1484.39	3610.20	1057.99

4.1.3 父母文化程度差异

除了孩子自身的特征外,家庭收入、父母的文化程度等家庭特征对孩子的再生产成本也起着重要的作用。家庭收入是一个连续变量,与孩子的成本有着极为密切的联系,为了确切分析收入与成本间的关系,我们将这一问题留待下节多因素分析中用计量分析的方法进行研究,这里只讨论父母文化程度对孩子成本的影响。

根据农村的实际情况,我们分别将父亲和母亲的文化程度分为文盲、小学、初中和高中及以上四个层次,以考察不同文化程度对孩子成本的影响。研究结果表明,父母不同的受教育程度对孩子再生产成本差异的影响是非常显著的。粗略地看,无论是父亲还是母亲,其文化水平每上升一个层次,孩子的总成本就几乎要翻一倍。具体说,高中文化的父亲,其孩子的抚养成本是文盲父亲的孩子成本的 7.91 倍;高中文化的母亲,其孩子抚养成本是文盲母亲的孩子成本的 6.42 倍。在构成总成本的各项中,文教娱乐费的变化最大,高中学历的父亲与文盲父亲相比,孩子的文教娱乐费为后者的 28.73 倍;高中学历的母亲与文盲母亲相比,孩子的文教娱乐费为后者的 16.11 倍。其次为医疗保健费,高中学历的父亲与文盲父亲相比,孩子的医疗保健费为后者的 22.86 倍;高中学历的母亲与文盲母亲相比,孩子的医疗保健费为后者的 12.69 倍。工时费的差异也比较大,高中学历的父亲与文盲父亲相比,孩子的工时费为后者的 17.05 倍;高中学历的母亲与文盲母亲相比,孩子的工时费为后者的 12.85 倍。生活费的差异最小,高中学历的父亲与文盲父亲相比,孩子的生活费为后者的 5.43 倍;高中学历的母亲与文盲母亲相比,孩子的生活费为后者的 4.73 倍。以上分析表明,父母亲受教育水平不同,对孩子抚养费用产生极大的影响,其作用主要表现在孩子的教育费和医疗费、工时费等方面。家长的文化水平越高,教育费比重越高,孩子的成本结构越趋于合理,同时,文化教育程度越高的父母,其时间价值越大,因抚育儿童而误工所导致的机会成本也就越多。

表 4–3 父亲文化程度不同造成劳动力再生产成本的差异

单位:元

	总成本	生活费	医疗保健费	文教娱乐费	工时费
文盲	2599.91	2262.21	82.99	176.03	78.68
小学	5614.00	4491.95	263.96	634.04	222.88
初中	11461.29	7931.85	893.49	1885.08	750.87
高中	20576.97	12276.08	1897.54	5058.19	1341.26

表 4–4 母亲文化程度不同造成劳动力再生产成本的差异

单位:元

	总成本	生活费	医疗保健费	文教娱乐费	工时费
文盲	3431.55	2848.51	152.77	328.92	101.35
小学	6621.52	4874.37	414.92	897.67	433.37
初中	12388.94	8201.55	1056.39	2238.33	892.66
高中	22023.97	13481.20	1938.12	5297.48	1302.25

4.1.4 不同地区间差异

劳动力再生产成本的大小受众多社会、经济因素的影响,即使是在同一个省内,各不同市(县)的社会文化背景、经济发展水平也存在着很大的差别,因此各地的劳动力抚育成本会出现一定程度的差异。不同地区间孩子成本的差异,可能是因社会公共开支不同引起的,也可能是因农村公共物品的供给状况决定的。

广义地讲,劳动力再生产成本应由社会公共开支和家庭支出两部分组成,只是社会公共开支所占的比重较小。根据已有的研究结果,1978 年我国农村劳动力培育费用中,国家支出仅占 27%,而农民家庭支出却占 73%;1986 年北京海淀区农村劳动力培育费用中,国家支出只占 17.1%,家庭支出占 82.9%(刘铮、段成荣1989)。虽然,我国农村劳动力的培育费用主要由家庭承担,但农村社区的不同经济发展水平对孩子的抚养成本仍会产生一定的影响。

经济发达地区,农村集体力量较为强大,可以为农户孩子提供更多的公共开支。而公共开支和私人开支间存在着一定程度的互补性,在培育劳动力的过程中,公共支出的增加可能会节省家庭或个人所支出的费用。如有的农村,村集体资产雄厚,孩子上小学的学杂费甚至书本、文具费都是由村集体直接支付的,这就相应地减少了父母直接为孩子支付的教育费用。也有的农村地区,孩子小的时候,打防疫针、服用免疫药品等都是免费的。当然,由集体统一支付的这些费用归根结底也是从农民自己的财产中扣除的,但毕竟节省了直接从农民有限的家庭收入中所花费的现金,减轻了家庭负担。反之,集体经济力量较弱的地区,农民在孩子教育、保健方面的负担就相对较重,由家庭支付的孩子的养育成本可能就会稍高些。但是,在经济条件好的农村地区,由于集体可以为家庭承担一部分费用,减少了家庭直接开支,农户抚养孩子的经济负担可以有所缓解,父母可能更有力量为孩子提供较好的学习环境和生活条件,以进一步提高孩子的智力水平和健康水平。这两种可能性孰大孰小,无法轻易下结论,但从经验上看,往往是经济较发达地区农户对孩子的投资更多、更合理。

从另一角度看,经济发展好的地区,农村社区的公共物品供给水平更高,基础设施较为完善和齐全,在文化娱乐、学校教育以及医疗卫生、防疫保健等方面都有能力为农民创造良好的环境，可以更好地满足村民对这些物品及服务的需求。与落后地区相比，它们提供了较为完备的服务，为孩子的身心健康成长提供了优越的条件，在客观上也起到了刺激消费需求、诱导家庭加大对孩子质量投资的作用，所以这些地区孩子的抚育成本往往要高于贫困地区。而且，经济条件好的地区，人们的思想意识一般也比较开放，文化水平较高，从而更注重对孩子的教育、健康投资，这些都有利于提高孩子的质量。

表 4-5　不同调查点农村劳动力再生产成本地区差异

单位:元

	总成本	生活费	医疗保健费	文教娱乐费	工时费
郑州	15009.81	9944.69	1058.81	3090.46	915.07
开封	9875.13	6223.01	990.33	2058.70	603.09
林州	8314.79	6433.23	489.12	847.59	537.23

4.2

多元回归分析

由前面的分析可知，孩子自身特征、家庭条件、农村社区状况等许多方面的不同都会造成劳动力再生产成本的差异。但在现实生活中，社会经济的各个因素之间是相互关联的，例如，受教育水平高的父母往往会带来更多的家庭收入；现代化程度高的农村，一般来说,村民的经济收入也较多,等等。因此要确定各因素产生的影响,只进行单因素分析是不够的。本节将采用多元回归的方法,将各因素放在一起综合考察,以确定在控制了其他变量以后,某一因素的影响程度和方向。

一般认为,家庭收入和父母受教育程度与劳动力再生产成本之间有正相关关系,男孩的成本要高于女孩,独生子女的成本要高于非独生子女。以下将就这些假设进行检验。

4.2.1 总成本模型分析

通过对各种不同形式的模型进行比较,本研究选用如下双对数模型:

$$\ln COST = c_1 + c_2 \ln INCOME + c_3 SEX + c_4 ONLY\text{-}CHILD + c_5 EDU + c_6 ZZ + c_7 KF$$

其中,各变量代表的含义如下:

COST　劳动力再生产总成本(孩子抚养费用,以1983年不变价格计算)

INCOME　家庭总收入(以1983年不变价格计算)

SEX　孩子性别(男孩=1;女孩=0)

ONLY-CHILD　独生子女身份(独生子女=1;非独生子女=0)

EDU　父母平均受教育年限(文盲=0;小学=6;初中=9;高中=12;大专及以上=16)

ZZ　地区变量(郑州=1;其他=0)

KF　地区变量(开封=1;其他=0)

模型中的数据来自于我们对河南省近600农户所做的实地调查资料,对其进行计算整理并作回归分析,得结果如下:

表 4-6 农村劳动力再生产总成本影响因素分析

lnCOST	系数	t 值
自变量		
C	2.781229	15.27256***
lnINCOME	0.551948	31.18517***
SEX	0.066273	1.676462*
ONLY-CHILD	0.092506	1.559949
EDU	0.062123	6.024546***
ZZ	0.216429	3.645472***
KF	-0.374962	-6.355346***
R-squared	0.806084	
F-statistic	377.5814***	
Durbin-Watson stat	1.455343	

注：* 表示在 10%的水平上显著；** 表示在 5%的水平上显著；*** 表示在 1%的水平上显著，下同。

在该模型中，D-W 值明显偏低，说明残差序列存在自相关性，为此我们利用 Cochrane-Orcutt 迭代法对模型进行了处理，修正的最后结果如下：

表 4–7 农村劳动力再生产总成本影响因素分析修正结果

lnCOST	系数	t 值
自变量		
C	3.254666	15.46137***
lnINCOME	0.491222	26.10339***
SEX	0.060587	1.596332
ONLY-CHILD	0.110671	1.942480*
EDU	0.066657	6.828535***
ZZ	0.065279	1.143229
KF	–0.431625	–7.600754***
R-squared	0.746408	
F-statistic	266.8626***	
Durbin-Watson stat	1.851323	

注：c=2.371698（1–0.271293），其中 2.371698 为迭代法得到的常数项，0.271293 为残差序列自相关系数 ρ；lnCOST 和 lnINCOME 已分别做了相应替换。

这时得到的模型比原模型更优，从各项检验结果可以看出，模型拟合程度较好，基本上符合我们的判断。

在各因素中，影响程度最大的是家庭收入，该系数的显著性也非常强。劳动力再生产成本与家庭收入间存在较强的正相关关系，弹性系数为 0.49，即家庭收入每变化 1 个百分点，将引起劳动力生产成本同向变化 0.49 个百分点。这说明家庭收入越高，对孩子的投入也就越多；反之，则越少。家庭收入低是制约父母对孩子进行人力资本投入的主要障碍因素，为了提高劳动力的再生产成本,促进农民增收是重要的前提条件。另外,已有研究表明,家庭收入中农业收入与非农收入的比例对儿童人力资本投资也起着显著的作用。对于一个既定的家庭收入水平来说,非农收入所占比重较大的家庭,其子女数量较少①,父母更有动机和能力提高子女的受教育水平,对每个孩子的质量投资就会更多。因此,为农民创造更多的外出就业机会,加大农户的非农收入,至关重要。

其次,孩子性别和独生子女身份对其抚养成本也具有一定的影响,系数的符号均为正,统计结果略为显著。男孩的成本要大于女孩的成本,独生子女的抚养费用大于非独生子女的费用。这与我们的假设相一致,并且在单因素分析中也得到了证实。

再次,父母受教育程度与孩子的养育成本间正相关系数很大,统计结果非常显著。家长的文化水平越高,抚育孩子的成本越大,对孩子的投资力度越大,这也预示着提高农民文化水平的重要性和紧迫性。

此外,地区虚变量的系数也具有较强的显著性。相比之下,由于郑州较其他两地更为发达,因此该地区农户在抚养孩子过程中投资强度更大,表示郑州的地区变量系数为正;并且因郑州的孩子成本远远高于开封和林州,而后两者孩子成本相差并不多,使得郑州和林州两地孩子养育成本的平均值要高于开封地区,因此模型中表示开封的地区变量系数为负。这和前面的单因素分析结果是一致的。

4.2.2 生活费模型分析

为了深入分析家庭特征和个人特征对劳动力再生产成本各组

---

① 杨涛(2000)研究显示,如果控制住收入总额,非农收入所占比重增加 10 个百分点,会使妇女总和生育率降低 0.11。

成部分产生的影响,我们还分别以生活费、医疗保健费、文教娱乐费、工时费作为因变量,以相同的自变量,构造双对数模型。

生活费用模型:

$$\ln MAINTENANCE = c_1 + c_2 \ln INCOME + c_3 SEX + c_4 ONLYCHILD + c_5 EDU + c_6 ZZ + c_7 KF$$

其中 MAINTENANCE 表示生活费用;其他变量含义同上。

模型分析结果如下:

表 4-8 生活费用影响因素分析

lnMAINTENANCE 自变量	系数	t 值
C	3.560267	19.30705***
lnINCOME	0.454172	25.34133***
SEX	0.088354	2.207197**
ONLY-CHILD	0.074191	1.235518
EDU	0.057790	5.534575***
ZZ	0.167315	2.783124***
KF	-0.478902	-8.015993***
R-squared	0.757253	
F-statistic	283.3559***	
Durbin-Watson stat	1.370486	

模型中 D-W 值过低,也说明残差序列存在自相关性,同样利用 Cochrane-Orcutt 迭代法对模型进行处理,修正的最后结果如下:

表 4-9 生活费用影响因素分析修正结果

lnMAINTENANCE	系数	t 值
自变量		
C	2.700559	10.94009***
lnINCOME	-1.19E-06	-22.73660***
SEX	0.124358	3.381059***
ONLY-CHILD	0.128696	2.335612**
EDU	0.048498	5.060204***
ZZ	-0.095721	-1.734188*
KF	-0.564752	-10.30169***
R-squared	0.707699	
F-statistic	219.5161***	
Durbin-Watson stat	1.905277	

注：c=1.851692（1-0.314330），其中 1.851692 为迭代法得到的常数项，0.314330 为残差序列自相关系数 ρ；lnMAINTENANCE 和 lnINCOME 已分别做了相应替换。

从以上结果可以看出，家庭收入对生活费成本的弹性系数下降为负，即家庭收入越高，对孩子的生活费支出越低，这在理论上是不成立的，且与事实不符，其原因有待于进一步研究。但性别和独生子女身份两个变量仍然对生活费产生正向作用，影响程度非常显著，男孩、独生子女的生活费高于女孩、非独生子女的费用。另外，父母文化程度也同样对生活费起着明显的正向作用。这些影响因素的原因及意义前面已有所提及，此处略去。

4.2.3 医疗保健费模型分析

医疗保健费用模型：

$\ln MED\text{-}EXP = c_1 + c_2 \ln INCOME + c_3 SEX + c_4 ONLY\text{-}CHILD + c_5 EDU + c_6 ZZ + c_7 KF$

其中 MED-EXP 表示医疗保健费用;其他变量含义同上。

模型分析结果如下：

表 4-10 医疗保健费用影响因素分析

lnMED-EXP	系数	t 值
自变量		
C	−3.334113	−9.406365***
lnINCOME	0.841919	24.43921***
SEX	0.262780	3.415181***
ONLY-CHILD	0.229876	1.991600**
EDU	0.065774	3.277138***
ZZ	−0.129892	−1.124057
KF	−0.239199	−2.082945**
R-squared	0.663990	
F-statistic	179.4956***	
Durbin-Watson stat	1.825980	

从各项检验可以看出,模型的拟合程度较好。与前两个模型相比,从总体上看,在该模型中各自变量的显著性都明显加大,说明它们对医疗保健费的解释能力增强。家庭收入的弹性系数增至0.84,即家庭收入每变化 1 个百分点,将引起医疗保健费同向变化

0.84 个百分点,表明医疗保健费较多地受农户收入的影响和制约。家庭收入状况好,对孩子的卫生保健可能会更为重视,即使孩子生病也能得到较好的救治;而家庭状况差,能得到的就医条件就会稍差些,甚至可能会发生有病看不起医生的情况。性别和独生子女身份两个变量的系数和显著性都较高,说明家庭对男孩和独生子女的身体状况及健康资本是非常关注的。父母文化程度依然起着显著的正向作用。

4.2.4 文教娱乐费模型分析

文教娱乐费用模型:

$\ln EDU\text{-}EXP = c_1 + c_2 \ln INCOME + c_3 SEX + c_4 ONLY\text{-}CHILD + c_5 EDU + c_6 ZZ + c_7 KF$,其中 EDU-EXP 表示文教娱乐费用;其他变量含义同上。

模型分析结果如下:

表 4-11 文教娱乐费用影响因素分析

lnEDU-EXP	系数	t 值
自变量		
C	−3.791347	−11.31255***
lnINCOME	0.910038	27.93843***
SEX	−0.128379	−1.764570*
ONLY-CHILD	0.471158	4.317172***
EDU	0.103015	5.428337***
ZZ	0.523778	4.793779***
KF	−0.080598	−0.742286
R-squared	0.735167	
F-statistic	252.1495***	
Durbin-Watson stat	1.743917	

在文教娱乐费的模型中，家庭收入的弹性系数增至 0.91，表明收入水平的变化对孩子的教育费用产生很大的作用。但性别变量的系数变为负值，意味着男孩的文教娱乐费比女孩少，这与前面的分析是明显背离的，暂时无法解释。其余各变量的系数符号与我们的假设及其他模型相一致，不再重复。

4.2.5 工时费模型分析

工时费用模型：

$$\ln OPP\text{-}COST = c_1 + c_2 \ln INCOME + c_3 SEX + c_4 ONLY\text{-}CHILD + c_5 EDU + c_6 ZZ + c_7 KF$$

其中 OPP-COST 表示工时费用；其他变量含义同上。

模型分析结果如下：

表 4-12 工时费用影响因素分析

lnOPP-COST	系数	t 值
自变量		
C	−6.419890	−8.602646***
lnINCOME	0.912872	12.58606***
SEX	−0.390009	−2.407456**
ONLY-CHILD	0.291590	1.199893
EDU	0.148617	3.516988***
ZZ	1.286810	5.289113***
KF	0.898982	3.718199***
R-squared	0.409800	
F-statistic	63.06917***	
Durbin-Watson stat	1.867103	

资料来源：根据实地调研资料计算整理。

在工时费模型中,家庭收入的系数也比较高,为0.91,也就是说,家庭收入越高,因照料孩子而产生的机会成本越大。但性别变量的系数为负,男孩的工时费用少于女孩,合理的解释也许是在家庭其他条件都相同的情况下,养育女孩要比养育男孩更费时、费心,因此女孩导致的误工成本较多。独生子女的工时费大于非独生子女,主要是因为独生孩子家庭在抚养孩子过程中,没有其他孩子可以帮助照料弟妹,只能依靠大人照看孩子,因此损失的机会成本较大。

此外,和其他几个模型相同,父母亲的受教育程度对工时费的影响显著为正。这是由于劳动者的挣得能力与其文化水平成正比,家长所受的教育越多,其可能获取的收入就越高,时间价值也就越大,因养育孩子而放弃的机会成本也就越多。

范剑平(2001)通过统计预测中三点法估计模型参数原理,对未来几年内的我国农民收入水平做了预测。按照该项研究,2005～2010年间,农民人均纯收入年均增长率为4.80%。而由本研究可知,农民家庭收入每增长1个百分点,劳动力再生产总成本、医疗保健费、文教娱乐费、工时费分别上升0.49、0.84、0.91、0.91个百分点,把它们分别乘以4.80,可得在2005～2010年间,平均每年因家庭收入的增加,使得劳动力再生产总成本及其各项分别上升2.35、4.03、4.37、4.37个百分点①。当然,这样计算的结果未必会很精确,但至少可以在一定程度上反映劳动力再生产成本的变动趋势。

---

① 因生活费用模型中,家庭收入与成本的弹性系数为负,理论上无法理解,因此这里略去对生活费用的预测。

4.3 本章小结

本章从各个角度对影响劳动力再生产成本的诸因素进行了分析，我们发现，总体上看，家庭收入越多、父母的文化程度越高，孩子的抚养成本就越大；男孩的抚育成本略大于女孩的；独生子女的成本远远大于非独生子女的成本。特别地，家庭收入对孩子成本的影响主要体现于工时费用、文教娱乐费用和医疗保健费用方面，因此，提高农民收入水平和受教育程度对改善农村孩子投资状况具有十分重要的意义。另外，不同地区间的差异也很显著。

从未来的发展趋势看，随着城市化的推进，农民的非农收入会继续增加，进而带动农户家庭收入的提高，人们的生活条件将逐渐好转，父母对孩子的教育投资和健康投资将进一步加大。社会的进步还会使得农村的教育条件和医疗卫生条件有所改善，使加大孩子投资成为可能。此外，农民就业机会的增加和受教育程度的提高，导致人们时间价值的提高，工时费用的比重也会趋于上升。总之，农户再生产劳动力的投资必将越来越多，结构越来越合理。而且，随着农民素质的增强，性别偏见将逐渐减弱，对女孩的投资将会提高，男女孩子间的质量差别会逐渐缩小，女孩素质的提高又为她们长大后人力资本的积累奠定了基础，当女性的文化水平和健康状况提高后，又反过来有利于下一代劳动者的培养，这样整个农村劳动力的质量就会得到提高。

5

农村劳动力再生产成本与劳动力价格

在我国，农村劳动力占劳动力总量的60%左右，是劳动力市场的主要供给者。2003年全国共有1.4亿农村劳动力处于流动状态，其中9800万为常年在外务工的劳动力，而且随着城市化进程的加快，外出民工的规模还将不断扩大。中华全国总工会主席王兆国曾指出："农民工在我国是仅次于农民而多于工人的第二大劳动群体，已成为工人阶级的新成员①。"

① 见中国工会：《农民工成为工人阶级新成员》，www.scol.com.cn，2003年9月25日。

农村劳动力的自发流动，在客观上推动了劳动力市场的发展和完善，加快了城市化的步伐。并且，这些进城务工人员为二、三产业的发展输送了大量廉价劳动力，带动了城乡经济的繁荣，对我国经济发展做出了重要贡献。然而，与此同时，也不可避免地引发了一些新的问题，如因劳动力价格低廉而引发的国际贸易争端，因民工工资待遇差、劳动条件恶劣而导致的民工荒，因劳动力素质低而对产业结构升级的制约等等。归根结底，就是一个劳动力价值衡量的问题。农民工工资是否真的过低？如果是，又是什么原因导致农民工低工资？我们可以采取哪些措施、怎样缓解这种现象？在一定意义上说，城乡统一劳动力市场的建设，着力点就在于如何解决好进城农民工问题。

本章将农民工纳入到劳动力市场的大环境之中，从劳动力培育成本和市场供求关系这两个角度来分析劳动力的价格，为正确认识农民工价值、促进劳动力市场统一提供新的思路。

5.1 劳动力生产成本是其价格的主要决定因素

5.1.1 劳动力价格的影响因素

马克思的劳动价值学说认为商品的价值是由凝结在商品中的无差别的社会必要劳动决定的，当一种要素被用于生产某种商品时，前者的价值就计入后者的价值或成本。虽然劳动力在许多方面具有与其他商品不同的特点，但在价值决定上也不能违背这一规律。因此说，劳动力的价值是由生产、发展、维持和延续劳动力的生活必需品的价值决定的，即由生产和再生产劳动力的成本决定的。另外,商品价格是价值的表现形式,它受供求关系的影响,并围绕价值上下波动。所以,劳动力的价格(即工资)和其他商品一样,也是由其价值决定的,并要受到市场供求关系的影响。当然,除了成本和供求关系外,工资还要受到其他一些因素的影响,如人均资本的数量、工作的非货币特征、个人人力资本存量、劳动力市场上的各种歧视等等。用函数形式可表示为:

W=(劳动力成本,市场供求关系,其他因素,……)

其中,人均资本量和人力资本存量与工资成正相关关系,它们通过提高个人的边际劳动生产率而影响劳动者的工资水平。工作的非货币特征通过影响劳动者工作的心理成本而影响工资水平,如劳动条件恶劣的情况下,需要补偿工资才能弥补工作给劳动者带来的负效用。歧视也是劳动力市场中普遍存在的一种现象,它是指提供相同生产率的劳动者,因在一些非经济的个人特征上有所不同,而在劳动报酬以及劳动条件等方面受到不平等的待遇(赵履宽 1997)。一般来说,它表现为对工资的负向影响。此外,劳动者个人偏好的因素也对劳动力价格起作用,如在其他条件相同的情况下,某特定的工资水平或劳动条件可能不被城市劳动者所接受,但或许为农村劳动力所认可,这与劳动者对其自身收益的心理预期、自我评价及对工作特征的好恶程度相关。

虽然以上因素都或多或少地对劳动者工资有影响,但劳动力价格最主要还是受劳动力生产成本和市场供求关系的影响,而且,其他因素的影响也都要通过这两方面表现出来。比如人力资本存量与劳动力生产成本是紧密相关的,再生产劳动力过程中投入成本越多,人力资本存量也就越大,劳动生产率也就越高;工作的非货币特征以及市场歧视也是通过影响劳动力的供给和需求状况而对劳动力市场产生影响的,等等。因此,本研究中主要考察劳动力再生产成本和劳动力市场供求关系对劳动者价格的影响。

5.1.2 农村劳动力成本及其对劳动力价格的影响

(1)劳动价值理论。劳动力的再生产不是生命的简单自我复制,而是需要消费一定的生活必需品,需要社会和家庭对其进行培养和教育。根据马克思的观点,“价格由生产费用决定,就等于是价格由生产商品必需的劳动时间决定。”在一定时期内,生产某种商品的社会必要劳动总量决定了这种商品的价值总量。同时,他还指出,“同任何其他商品的价值一样,劳动力的价值也是由生产从而再生产这种独特物品所必要的劳动时间决定的。就劳动力价值来说,他本身只代表在他身上对象化的一定量的社会平均劳动。”因此,劳动力的价值是由其再生产过程中所耗费的社会必要劳动时间决定的。

广义地讲,生产一代劳动力的全过程可以分为两个阶段:一是养育劳动者,包括一个人从出生后接受抚养和教育到就业前的整个时期,即成长时期;二是维持和发展劳动者,包括劳动者从开始就业到退休前的生存和发展过程,即就业时期。据此,可以把劳动力价值的基本构成因素分为两个:一是抚养和教育费用,包括他在成长时期所消耗的生活资料价值和接受各种教育的费用;二是维持和发展费,包括他在就业时期所必需的生活资料价值和接受再教育的费用。各种劳动力的价值大小差别主要取决于劳动者在成长过程中或在被养育期间所消耗的养育费,特别是接受不同学历教育的费用差别。尽管养育费在劳动者就业之前的成长时期消耗并通常由父辈支付,维持费则在劳动者就业之后的工作期间消耗并由本人支付,但两项费用是用于生产同一主体的劳动力,所以是这一主体劳动力价值的构成因素(郑志国 2002)。

(2)农村劳动力成本与价格比较。劳动力的价值主要是由其被养育期间所耗费的成本决定的,从本质上看,它是由一定社会的生产力水平决定的。

本研究已经表明，随着社会的不断进步，农村改革以来的20年间，劳动力再生产成本总量有了大幅度的提高。1983年农村劳动力再生产总成本仅为3036.18元，到2003年则高达18 610.95元（剔除物价因素的影响，以1983年不变价格计算），2003年的成本额为1983年的6.13倍，年均增长速度约为9.49%。

表5-1 1983~2003年农村劳动力再生产成本变动情况
（以1983年不变价格计算）

单位：元

	1983	1987	1991	1995	1999	2003
成本	3036.18	6306.29	11380.12	14349.33	15570.83	18610.95

资料来源：根据实地调研资料计算整理。

为了分析劳动力成本与价格的对比关系，还需要对农村劳动力价格作一界定。

从农村现实情况看，受户籍制度的制约，除了少数农村劳动力能通过考学、参军等途径进入城市正规部门就业外（事实上，这时他们已经不能算是农村劳动力），绝大多数人只能滞留于农村。这部分真正意义上的农村劳动力的去向按其数量多少依次分为以下几种：在家务农、外出打工、在当地农村从事二、三产业，他们的收入构成了家庭经济的主要来源。而农业生产不同于其他产业，其收益只有部分为现金收入，无法用家庭经营收入来衡量农村劳动力的价格。

另外，当前我国多数农户为兼业经营，即一部分劳动力在家务农，另一部分外出打工；或农忙季节回乡务农，农闲时外出打工，所以也不能简单地把打工收入当做农村劳动者的价格。为了全面地反映从事各项生产活动的农村劳动力的收益，我们考虑利用如下方法计算农村劳动力的价格：

$$农村劳动力价格=\frac{农民人均纯收入\times农户户均人口}{户均劳动力}$$

这样所得结果为农村中每一劳动力的平均收益,以此作为农村劳动力价格并与农村劳动力的培育成本相比较,具有合理性。经计算,1985 年农村劳动力价格为 690.07 元,2003 年为 1694.88 元(剔除物价因素的影响,以 1985 年不变价格计算),2003 年是 1985 年的 2.46 倍,年均增长速度约为 5.13%,比劳动力生产成本的年均上涨速度低 4.36 个百分点。

表 5-2 1985~2003 年农村劳动力价格变动情况

(以 1985 年不变价格计算)

	1985	1990	1995	2000	2003
农民人均纯收入(元/年)	397.60	608.69	994.64	1078.94	1157.48
户均人口(人)	5.12	4.80	4.48	4.20	4.10
户均劳动力(人)	2.95	2.92	2.88	2.76	2.80
农村劳动力价格(元/年)	690.07	1000.58	1547.22	1641.87	1694.88

资料来源:根据实地调研资料计算整理。

成本是价值的主要决定因素。农村劳动力价格低于城市劳动力,部分原因是城乡劳动力再生产成本存在较大差距①。但就农村劳动力自身的成本和价格比较来看,其价格仍然过低。虽然在理论上,农村劳动力再生产成本的上升应该推动劳动力价格的上升,但分析表明,劳动力生产成本的上升并未能带动价格的同步上升,相反,价格上升幅度要远远小于成本的增幅。这是因为除了生产成本之外,劳动力价格还要受到市场供求关系的影响。

① 因缺少相关资料,无法精确地对城乡劳动力成本和价格进行比较,但从定性的角度看,是可以做出该判断的。

5.2

市场供求关系对劳动力价格的影响

在市场经济体制下,劳动力作为一种特殊的生产要素,也要进入市场,通过市场进行选择。劳动力的供给与需求状况对其价格有着直接的影响,当劳动力供给大于需求时,其价格会降低;反之,则会提高。农村劳动力再生产成本的增加是劳动力价格提升的内在要求,但劳动力价格还要受市场供求关系的影响,实际上,我国农村劳动力价格之所以偏低的原因也就在于此①。

5.2.1 我国劳动力市场供求的总体状况

在现代市场经济中,劳动力供给水平要受到以下各种因素的影响:人口规模;劳动力参与率;劳动者每周或每年的平均工作时数;劳动者的素质或人力资本数量,等等(赵履宽 1997)。我国作为世界上人口最多的国家,劳动力人口比重大,劳动参与率高,而劳动者素质却很低。与此同时,还存在着经济发展所需资源短缺的问题。有资料显示,当前,我国以世界上9.6%的自然资源(指电力生产量、商业能源使用量、农业种植面积和水资源)、9.4%的资本资源(指国内投资额、资本市场、净外国直接投资,按实际购买力平价计算)、1.85%的知识技术资源(指个人电脑数、互联网主机

① 前面计算农村劳动力价格时,依据的是农户户均收入,它主要来源于家庭经营收入和工资性收入,所以,导致农村劳动力价格低廉的原因还应包括农业生产收入过低。关于农业增收难的原因很多,在此不做讨论。同时也忽略在农村从事非农产业的影响,只考虑进城务工者的情况。这并不影响全书的分析。

数、本国居民申请专利数、科学论文发表数和研究与开发支出,按实际购买力平价计算)、1.83%的国际资源(指出口货物和服务总额、进口货物和服务总额、版权和专利收入、版权和专利支出)来为世界上 26%的劳动力人口创造就业机会,而美国则用世界上16.02%的自然资源、31.1%的资本资源、34.93%的技术资源、24.24%的国际资源来为不足 5%的劳动力资源创造就业岗位(陈庆修 2003)。这种特殊的国情为中国带来了巨大的就业压力,就业问题成为我国当前经济发展所面临的最大挑战。

自 1978 年以来,全国共创造 3.3 亿个就业岗位,城乡从业人员 2002 年增加到 7.3 亿人,已有 2 亿多农村劳动力实现了非农就业。然而随着农业劳动生产率的进一步提高,还有大量农村剩余劳动力亟待化解。"十五"发展过程是我国农村剩余劳动力向城镇大规模转移的过程,按计划在此期间应有 4000 万农村剩余劳动力转向城镇和非农产业就业。事实上,从城乡平衡发展的要求看,5年转出 4000 万剩余劳动力还是远远不够的,在 10 年左右的周期内农村剩余劳动力转出的总规模需要达到 1.5 亿到 2 亿人才行。除了农村剩余劳动力外,城镇新增劳动力和下岗职工也是造成就业形势紧张的重要原因。今后几年,城乡新增劳动力将升至峰值,约为每年 2400 万人,如果中国经济能保持 7%的增长速度,每年大约能新增 1000 万个就业岗位,但仍存在 1400 万的缺口(张小建 2004)。

另有预测表明,我国劳动年龄人口(15～59 岁)比重在 2010年前后达到其最高点,之后将趋于下降。劳动力供给的总量则在2020 年左右达到其峰值,之前这段时间是我国劳动力资源最为丰富的时期,劳动力资源供给总量会一直维持在 8000 万以上,之后将逐年减少。

表 5-3 2005~2050 年我国总人口及劳动力人口变动趋势

单位:万人,%

年份	总人口	劳动年龄人口	劳动年龄人口比重
2005	133401	88493	66.34
2010	138619	91764	66.20
2015	143781	93321	64.91
2020	148255	94623	63.82
2030	154450	90790	58.78
2040	157150	89316	56.84
2050	156933	86459	55.09

资料来源 张二力、郭富城等:《中国中长期人口发展趋势预测》,转引自蔡昉、王美艳:《中国人口老龄化与养老保障制度改革》;《2003 中国人口年鉴》。

劳动力需求水平主要取决于生产规模、劳动生产率水平以及技术的有机构成状况等。

从我国的实际情况来看,在劳动供给不断增加的同时,因经济结构调整,经济增长对就业的吸纳能力不断减弱。当前,我国处于经济社会发展转型的特殊时期,正经历着两个巨大的、迅速的转变,即从农村、农业社会向城市、工业社会转变,从指令性计划经济向市场经济转变。计划经济体制下隐性失业的显性化,在短期内集中释放,对就业增长的冲击很大,据有关专家估计,就业增长因此会减少 0.3 个百分点,就业弹性损失 0.04 左右。受此影响,就业增长机制发生了显著变异,经济增长与就业(失业)变动之间的关系呈现出较强的非一致性,体现为 GDP 就业弹性的不断下降。从 20 世纪 80 年代开始,我国的就业增长率就一直低于经济增长率,就业增长弹性明显下降。80 年代我国 GDP 年均增长率为 9.3%,就业增长率为 3.0%,就业增长弹性系数为 0.322。“八五”期间,GDP 年均增长率为12.0%,就业增长率降至1.2%,就业增长弹性系数0.1。“九五”期间GDP年均增长8.3%,就业增长率降至0.9%,就业增长弹性系数0.1。

表5-4 1979~2003年我国就业增长弹性系数

	1979	1980	1985	1990	1995	2000	2003
就业弹性系数	0.29	0.42	0.26	–	0.11	0.10	0.10

资料来源 张车伟、蔡昉:《就业弹性的变化趋势研究》,载《中国工业经济》,2002(5);《中国统计年鉴2004年》。

此外,平均每年新增就业人数的规模也逐年下降。20世纪80年代平均每年净增就业人数为1297万人,“八五”期间降为808万人,“九五”期间又降为575万人,仅相当于80年代平均每年创造新增就业岗位的44%,2001年新增就业人数940万人,2002年新增就业人数715万人,2003年新增就业人数692万人。中国的经济增长模式越来越像低就业增长或是无就业增长模式(胡鞍钢2004)。

劳动力需求是一种派生需求,如果生产技术和生产组织固定不变,一个国家的劳动需求结构取决于反映产品需求结构的生产结构。第一、二、三产业中,第一产业吸纳劳动力就业能力最弱,第三产业最强①,要解决就业问题,必须依靠第三产业的快速发展。近年来,随着我国城市化的推进,第三产业已得到了较快发展,但就业结构的变动仍严重滞后于产业结构的调整,城市化水平也同

① 1979~2000年间,第一产业平均就业弹性为0.06,第二产业为0.34,第三产业为0.57。见张车伟、蔡昉:《就业弹性的变化趋势研究》,载《中国工业经济》,2002(5)。

样滞后于工业化的进程①,这在很大程度上制约了第三产业的发展,阻碍了就业容量的扩大。我国第三产业的进一步加快发展还需相当长的时期,经济转型也还需一段时间才能完成,期间,必然要经历经济的快速增长不能同时带来就业相应增长的过程。有预测表明,至少在短期、中期之内中国城镇可能处在一个较高的失业水平,7%~8%甚至更高。

可以说,我国劳动力供给的可持续增长与劳动力需求的有限增长之间的不平衡现象十分严重,并将在一定时期内继续存在下去。就业的长期趋势是由劳动力供给的变化所决定的,从总体上看,在劳动力市场供求关系发生逆转之前的20年内,中国劳动力市场的价格不会出现大幅度上涨,这是发展的必然趋势。

5.2.2 我国劳动力市场结构状况

(1)劳动力市场分割状态。美国经济学家彼得·多林格尔和迈克尔·皮奥雷于20世纪70年代提出了“双重劳动力市场模型”。该模型将劳动力市场划分为两个部分:主要部分和次要部分。这两部分不是按照特定的职业或产业定义的,而是按照一组共同的特征定义的。“次要部分”的工作福利低,无在职培训,劳动力流动多,提升机会少。“主要部分”的工作有许多相反的特征:就业稳定,工作条件好,有在职培训,工资较高,有很多的提升机会。两个部分的另一个差别是,“次要部分”实质上是个竞争市场,工资倾向于均衡水平,在给定的低技术和缺乏训练的情况下,工资常常很低,而“主要部分”不属于那类竞争市场,这一部分的多数工作都是内部劳动力市场的一部分。内部劳动力市场具有三个特征:第一,

① 2002年农业就业份额与GDP份额的偏差达28%,城镇化水平滞后于工业化水平5.31个百分点。

它有高度的组织和管理;第二,把特权地位授权内部人;第三,内部劳动力市场的工资常常高于均衡水平。从“次要部分”到“主要部分”,存在着有限的工作流动性,然而在“主要部分”工作变化是“提升”,而在“次要部分”则只是“移动”。双重劳动力市场的存在造成劳动力在就业迁移中的成本—收益很不相同。“主要部分”内的流动和迁移成本小,收益大;“次要部分”内的流动和迁移则是成本小,收益小;而从“次要部分”向“主要部分”转移则需要很高的成本,但是也可能给迁移者带来较大的收益。

劳动力市场的这种分割状态,在目前的中国表现为城市正规部门、城市非正规部门和农村就业部门之间的分割。城市正规部门即主要部分,它由大型企业、政府机构、公共部门等构成;城市非正规部门指除正规部门之外的所有城市就业部门,如小型企业、社区服务部门及自我雇用等;农村就业部门则由农业及农村小手工业等部门构成。城市非正规部门和农村就业部门同属于从属劳动力市场,即次要部分。

正规劳动力市场和从属劳动力市场之间在劳动力价格、供求状态上均存在较大差异。正规劳动力市场一般来说对劳动者素质要求较高,个别行业存在供不应求的状况,同时受到强有力的制度保护,享有各种福利待遇,工资水平较高;而从属劳动力市场上的劳动者一般来说,文化程度较低,大部分来自于农村剩余劳动力,劳动力供给严重过剩,其容量大大超过正规劳动力市场,基本上是靠市场竞争的力量决定劳动力价格,没有社会保障,供给和需求都存在较大的弹性。从属劳动力市场上的劳动者很难进入正规劳动力市场,即使进入,也要花费高昂的代价,其中的摩擦成本和交易成本极高,且该成本要由劳动者本人来承担。劳动力市场的分割对于劳动力供求双方的影响完全不同,形成了一个利益失衡的结构,在这个结构中劳动力供给方处于不利的地位,而劳动力需求方则处于更为有利的地位(李建民 2002)。

(2)劳动力市场分割原因。从我国的现状来看,城乡劳动力市场的一体化程度并未打破传统的二元结构;此外,城市还形成了主要在国有经济部门发挥作用的劳动力配置机制,以及在非国有经济部门发挥作用的劳动力市场机制,因此实际上存在着一个双二元劳动力市场(蔡昉 1998)。劳动力市场这种分割的局面,一方面是由于城乡分离的户籍政策等一系列制度性障碍造成的;另一方面是因大量低素质的劳动力存在导致的。

第一,户籍制度的影响。在市场机制作用下,要实现资源的有效配置,必须使生产要素能在市场上自由组合和流动,劳动力要素也应如此。然而,新中国成立以来很长一段时期,我国在政策上一直严格限制劳动力在城乡间、地区间的流动,极大地妨碍了生产的发展。虽然改革开放以后,城乡隔离体制逐渐松动,劳动力流动得到允许和认可,但劳动力在流动过程中要办理名目繁多的证件,交纳各项费用,还要经常面临被清退的遭遇,所以说这种流动要以一定的成本为代价,并且此成本是由制度性因素造成的。近几年,中央和各地方政府开始出台相关政策,积极为劳动力流动创造各种有利条件,但由于社会保障、农地制度等各方面的改革还不到位,农村劳动力进入城市部门仍然要承担相当的经济成本和心理负担,而且一般也只能进入城市的非正规部门就业。高交易成本降低了劳动力市场的配置效率,也破坏了社会的公平性。

由城乡分离的二元社会体制导致的劳动力市场分割产生了城市和农村劳动力价格上的差异。一般情况下,农村外出劳动力在当地属文化程度较高者,且他们进城多集中在制造业、建筑业、餐饮服务业等领域。而在城镇单位中这几个部门的劳动力又是各行业中文化程度相对较低的,与农村劳动力的文化水平相差不多(见表5-5)。另有资料表明,外来劳动力和城镇本地劳动力的受教育水平的确是基本接近的(见表5-6)。因此为了消除因劳动者素质不同以及行业、工种的特性不同而导致的生产率差异对劳动力价格水平造成的影响,我们选择城镇国有单位三个行业作为参照,来比较城乡劳动力的工资水平(见表5-7)。

表5-5 2003年城镇部分行业就业人员与农村劳动力受教育程度对比情况

单位:%

	不识字或识字很少	小学	初中	高中	大专	大本	研究生
制造业	1.1	9.8	47.8	31.6	7.1	2.6	0.1
建筑业	1.4	15.6	49.7	22.5	7.0	3.6	0.1
批发零售业	1.6	12.4	49.2	29.9	5.5	1.4	0.1
住宿和餐饮业	2.0	12.2	56.1	25.5	3.5	0.6	–
农村劳动力	7.39	29.94	50.24	11.79	0.6	–	–

注:农村劳动力高中文化程度包括中专2.09%,大专文化程度包括大专及大专以上部分。

资料来源 《中国农村住户调查年鉴2004年》;《中国劳动统计年鉴2004年》。

表 5-6 城镇不同类型劳动力受教育程度分布

单位:%,年

	文盲	扫盲班	小学	初中	高中
城镇常住居民	2.9	0.8	18.1	40.7	19.0
乡城迁移者	2.5	0.3	16.7	48.5	14.2
	中专	大学专科	大学本科	研究生	受教育年限
城镇常住居民	8.0	7.3	3.0	0.2	9.6
乡城迁移者	10.0	4.4	3.4	0.1	9.5

资料来源 国家统计局:《2000 年人口普查资料 1%抽样》，转引自蔡昉:《迁移、失业与城市劳动务市场分割》,中国社会科学院工作论文。

表 5-7 1998 年城镇国有单位职工与农村转移劳动力平均工资比较

单位:元

	国有单位职工	农村转移劳动力	差距
工 业	6981	5667	1314
建筑业	8171	5519	2652
商业饮食业	6150	6396	–246

资料来源 《中国劳动统计年鉴 2003 年》；劳动和社会保障部就业务局:《1997~1998 年中国农村劳动力就业及流动状况》。www.lm.gov.cn,2002 年 6 月 7 日。

从表 5－7 可以看出,在相同行业、相近人力资本水平的条件下,相对于国有职工而言,农村劳动力价格的确过低,这是由制度障碍而产生的对农民工的歧视。其中,建筑行业最为显著,差距几乎达到农村劳动力平均工资的 1/2。工业(主要是制造业)差距约为农村劳动力平均工资的 1/4。只有在商业、饮食业不存在这种价格歧视,农村劳动力的平均工资要略高于国有单位职工,这可能是因为,这个行业多为自我雇用者,农村劳动力就业受到的各种限制较少，劳动力的工作可以得到较为合理的报酬。但由于国有企业工资水平实际上是制度决定的，除货币工资之外国有企业还向职工支付各种福利，因此职工报酬大大高于市场上表现出来的工资率①，而农民工却得不到任何福利保障。另外，若考虑到许多企业对民工的工作时间要求比正式职工苛刻得多，则实际工资差异可能会更大②。以上只是分析了对农村劳动力的价格歧视，此外，因户籍制度的影响及城里人对农村人的心理偏见，农村劳动力进城打工还要遭受职业歧视、人力资本投资歧视等其他不平等待遇。

这些制度性障碍是我国长期社会经济发展过程中遗留下来的历史问题，随着改革的逐步深化，城乡间壁垒逐渐消除，越来越多的农村劳动力流向城市，城市非正规部门和农村就业部门间的分割正在淡化。但正规劳动力市场和从属劳动力市场间的割据依然存在，且十分牢固。两者间的分割当然有制度性的因素，但更重要的原因是劳动者素质过低。

第二，农村劳动力自身素质的影响。劳动力市场不仅在总量上，而且在结构上也存在着失衡现象，一方面是低素质劳动力大量存在，很多民工找不到工作；另一方面，有较高文化素质、掌握一定技能的工人严重不足，许多工厂招不到人。特别是近年来，沿海经济发达地区对高素质民工的需求增加很快。2004 年初，包括珠三

---

① 国有单位在支付货币工资之外，还为职工花费了相当于工资总额 33.8% 的医疗卫生费、集体福利事业补贴、集体福利设施费等费用，还未包括企业自筹资金开支的集体福利设施基本建设费用。见蔡昉：《二元劳动力市场条件下的就业体制转换》，载《中国社会科学》，1998(2)。

② 如姚先国于 2003 年在浙江省所做调查，城市工人的平均月工资为 1213.21 元，农民工为 981.78 元，低于城市工近 1/5。然而，农民工周工作时间却高于城市工近 1/5，经换算两者小时工资率差距接近 1/3。见姚先国、赖普清：《中国劳资关系的城乡户籍差异》，载《经济研究》，2004(7)。

角地区在内一些城市出现的民工荒,缺口主要是技工,特别是高级技工[①],就恰好是这种现象的反映。

虽然当前进城民工在文化水平上与城镇当地劳动力相差无几,但这部分人毕竟只占少数,并且最先外出打工者通常是有一定文化技能的,农村中还有大部分素质更低的剩余劳动力没有转移出来。2003年,农村中还有8万多的文盲劳动力存在,尤其是女性文盲率高达20%以上,比全国平均女性文盲率高近6个百分点,比城市高近14个百分点(见表5-8)。另据第五次全国人口普查资料,城镇每10万人拥有初中文化程度人口35 233人,小学文化程度人口23 488人;农村该数字分别为33 266人和42 756人。也就是说,城镇中有约41%人口的文化程度在高中及以上,农村这一比例只有24%;相反,农村却有约42%的人口为小学水平,几乎为城镇小学水平人口的2倍。从平均水平看,农村劳动力素质普遍低于城镇劳动力的素质,而劳动和社会保障部在北京、天津、广州等24个大中城市进行的调查表明,用人单位对农民工的文化素质及技能要求却越来越高。在文化水平方面,90%以上的岗位要求具有初中以上文化程度的人员,其中,20%以上的岗位需要高中以上文化程度;在技能水平方面,80%的岗位需要达到初级工以上的水平,其中,13%的岗位需要具备中级工的职业资格,81%的岗位需要熟练工人。但从现实情况看,2003年外出务工劳动力中,85%左右仅具备初中以下文化程度,并且接受过专业技能培训的劳动力不足15%[②]。劳动力素质低下与产业结构升级之间的矛盾,制约了农村劳动力转入更高层次的工作空间。

---

① 据了解,2005年广东省高技能人才缺口达到180万。见刘曼:《民工荒?技工荒!——谢强华否认广东存在招工难》,《南方都市报》,2004年8月13日。

② 见《2004年中国农村住户调查年鉴》。

表 5-8 2003 年全国城乡分性别的 15 岁及 15 岁以上文盲、半文盲人口状况

单位:人,%

	人数		比例	
	男	女	男	女
平均	30912	79043	6.12	15.85
城市	3147	11270	2.35	8.07
城镇	3102	9679	4.53	12.95
农村	24663	58095	9.22	21.72

资料来源 国家统计局计划与人口统计司:《中国人口统计年鉴 2003》,北京,中国统计出版社,2003。

此外,全国目前 6~14 岁学龄儿童中还有 533 万人未上过学,并且这些儿童主要分布在农村。可以想象,这些儿童长大以后,将成为农村中新的文盲,根本无法适应经济发展的需要。他们介入劳动力市场,只会进一步加剧从属劳动力市场上的供求矛盾,而且由于他们的再生产成本极低,自然也只能得到极其低廉的劳动力价格。

从现实情况看,如今城市对外来人口采取的限制措施对那些进城从事自营性较强的服务行业的农村劳动力影响已不太显著,而对那些主要在企事业单位就业、与当地劳动力存在着岗位竞争的外来劳动力的流入仍具有显著的限制作用,这一点在前面的分析中已经得到证实。但由于农村劳动力自身素质的限制,即使大型企事业单位等城市部门完全向农村劳动力开放,也只有少数高学历的优秀人才能够进入正规劳动力市场(彭代彦 2003),非正规劳动力市场上的绝大部分人是很难实现这一愿望的。所以说,是农村劳动力的低素质决定了他们在市场竞争中必然处于劣势地位。

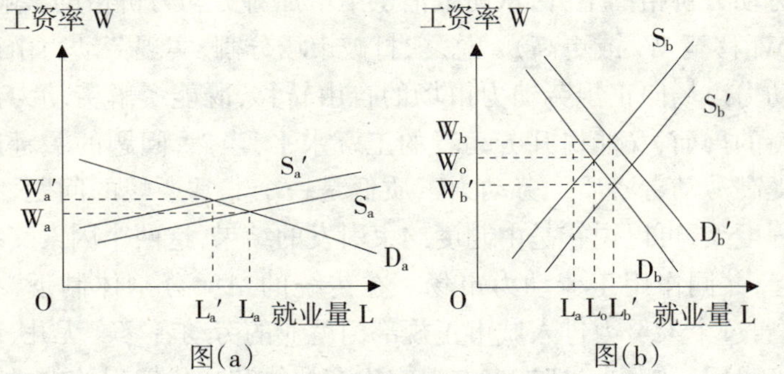

图 5-1 处于分割状态的劳动力市场

如图 5-1 所示,图(a)为从属劳动力市场供求关系示意图。由于从属劳动力市场的供给和需求均存在较大的弹性,因而,S_a 和 D_a 两条曲线较为平缓,由市场决定的均衡点对应着较低的工资率 W_a 和较高的就业量 L_a,基本接近于实际水平。图(b)为正规劳动力市场供求关系示意图。W_0 和 L_0 分别为由 S_b 和 D_b 决定的均衡工资率和就业量。但由于该市场存在着制度性保护,实际工资水平 W_b 通常要高于均衡工资 W_0。但从动态角度看,若能通过人力资本投资提高从属劳动力市场上的劳动者素质,并破除制度约束,使他们有机会进入到正规劳动力市场就业,则两个市场的供求关系都会发生变化,并因此影响工资水平和就业量随之变化。这时,在从属劳动力市场中,劳动供给由 S_a 减少到 S_a',若需求不变,则劳动力价格将由 W_a 升至 W_a',就业量由 L_a 减少到 L_a'。在正规劳动力市场,劳动供给由 S_b 增加到 S_b',劳动力价格将由 W_b 降到 W_b',就业量由 L_b 增加到 L_b'。虽然这样在短期内,正规劳动力市场的价格可能会有一个向下的压力,但随着经济发展,产业结构升级的步伐加快,对高素质劳动力的需求将越来越大,从更长时期看,需求曲线将外移(如由 D_b 移至 D_b'或更向外),需求的增加会带动劳动力价格的上升，从而抵消供给增加对劳动力价格的影响（如由 W_b' 移至 W_b 或更高）。总之，打破市场分割，实现劳动力由从属劳动力市场向正规劳动力市场的自由转移，既能缓解劳动力供求失衡的局面，又能提升劳动者的工资水平，当然，问题的关键还在于提高劳动者素质。劳动力素质低是一个非常严峻的问题，在某种程度上，可以说它是由制度约束引发的结果，这两个因素交织在一起，共同作用于劳动力市场。在传统的二元分割体制下，在农村，通过个人努力进入城市正规部门就业的劳动者寥寥无几，制度性障碍用一纸户口把许多有一定生产技能和文化知识的农村劳动者挡在城门之外，而在农民看来，就业于非正规部门，或在家务农，通常是不需掌握太多科学知识的。因此，就在农村形成了这样一种局面，农民孩子或者努力学习考上大学，把自己转为城市户口，才能在正规部门找到一份理想的职业；或者当升学无望时，干脆放弃学业，只要学会种田就可以了。即使进城打工，没有城市户口，好的职业也得不到，能做的也只是“脏、累、苦、险”等城里人不愿干的工种，这些体力型劳动也是不需太多文化知识的，没必要读太多的书。除了户籍政策外，二元分割的社会体制还导致了城乡间公共物品供给的不平衡。农村医疗卫生、教育等部门均存在有效供给不足的状况，不能为农村居民提供很好的服务，也会影响到农民对自身及子女在健康和智力资本方面的投入。

制度性障碍造成的劳动力市场分割使农村居民难以通过增加人力资本投资进入城市正规部门就业，不能有效地激励劳动者对人力资本进行投资，降低了农村劳动者人力资本投资的积极性。而人力资本投入少，反过来造成劳动力素质低下，无法进入正规部门，得不到更多的收入，收入低又阻碍了人力资本投资，这就陷入了一种恶性循环当中。要打破这种恶性循环，必须改善城乡分割制度，促进农民增收，以保证其对人力资本方面的投资，最终提高劳动者素质。

5.3

对劳动力价值及劳动力市场的进一步探讨

农村劳动力再生产成本低和劳动力市场的供过于求两者共同作用导致了进城民工的价格偏低。虽然当前劳动力价格低廉会提高我国产品的国际竞争力,但从更长远的角度看,是不能把它当做竞争优势的。首先,随着我国经济的发展,要想进一步扩大国际市场份额,不能只依靠劳动密集型产业的支撑,必须向资金技术密集型产业扩展,而劳动力的低价格是和低素质联系在一起的,大量的低水平劳动者是无法满足产业升级需要的。其次,经济发展不能以牺牲人的福利为代价,相反,发展经济的最终目的应该是实现强国富民,提高劳动者的收入水平,提高人民生活质量,而不是保持劳动力的低收入。可以说,劳动力价格低是一个国家、一个民族、一个地区经济落后的根本标志(刘润葵　2002)。因此,增强市场竞争的着力点在于提升包括劳动力、技术、管理等各种生产要素的质量,其中,最为关键的还是人的素质。

5.3.1　提高劳动生产率,降低劳动力的“相对成本”

国际货币基金组织 2002 年曾有一个测算,中国制造业的周工资是 27 美元到 30 美元,而印度尼西亚是 31.7 美元,菲律宾是 47.4 美元,泰国是 58.3 美元,马来西亚是 77.9 美元,韩国是 243 美元,台湾地区是 328.9 美元,香港地区是 436.6 美元。如果中国内地的周工资指数是 1.0 的话,印度尼西亚是 1.05,台湾地区是

10.96,香港地区是14.6,远远高于中国内地的周工资指数。简单地看,我国劳动力价格是比较低的,但是考虑到生产率因素①,情况就大不一样了。如果说我国低廉的劳动力价格是一种优势的话,那么受劳动生产率低下的影响,这种优势已被大大削减。在联合国贸易与发展会议发布的《2002年贸易和发展报告》中,以1998年的数据为例,美国的平均工资是中国的47.8倍,但受生产率的影响,创造同样多的制造业增加值,美国的劳动力成本只是中国的1.3倍。日本,这两个数字是29.9和1.2;韩国为12.9和0.8,劳动力成本反而比中国还低20%;印度为1.5和1.4;墨西哥为7.8和0.7;肯尼亚为2.6和2.0;津巴布韦为2.2和1.2②。这就是我国劳动生产率低下的结果。

产品成本包括生产资料的价值和劳动力的价值两个方面。活劳动成本一方面是由单位劳动成本决定的,另一方面,也是由单位产品的劳动生产率决定的。从长期来看,劳动力成本的上升是不可逆转的趋势,劳动力的成本又是和人力资本投资紧密相连的,所以,不能为了降低生产成本,就盲目地减少人力资本投资。最重要的是,采取有效措施,努力提高劳动生产率,提高单位时间的产品产出率,以降低单位产品的人工成本,这样才能达到降低产品成本、稳定产品价格、巩固产品竞争力的目的,而提高劳动生产率又是以全方位提高劳动者素质,加大人力资本投入为基础的。这就涉及"劳动力相对成本"的概念。劳动力相对成本是一种更加综合的成本衡量标准,它不仅仅考虑劳动力成本(价格)的绝对值,而是以劳动者素质(劳动生产率)为考察重点,同时兼顾了劳动力价格、产业特点以及其他社会因素。近几年是发达国家进行产业转移的

① 我国制造业平均劳动生产率只有美国的1/25、日本的1/26。

② 见《劳动力成本优势有多大?》,载《中国青年》,2002(14)。

高峰期,外资企业不选择劳动力价格非常低的欠发达地区,反而选择劳动力成本绝对值高于欠发达地区的沿海开放城市落户,一个重要的原因是这些城市不仅具有良好的投资软环境,更有较低的“劳动力相对成本”①。因此说,要提高我国产品的国际竞争力,关键措施在于提高劳动者的劳动生产率,而不是降低劳动力的生产成本。通过加大对农村劳动力人力资本的投入,可以更大幅度地提高其生产效率,从而降低劳动力的相对成本,决不能反其道而行之。

5.3.2 优化劳动力资源配置,提升农村劳动力价值

从要素经济学的角度分析,每一生产要素都应该在可能的条件下得到充分应用,并与其他要素之间结合成一种合理的配比关系,以求获得最大的生产成果。因此,优化劳动力要素配置也是提高人力资本积累、促进劳动力要素增值的一个重要渠道。改革开放以前,在我国,劳动力统一由国家进行指令性安排,劳动者的报酬中基本没有考虑其人力资本含量,结果导致劳动力的价格和价值相背离的问题广泛存在,严重影响了对劳动者人力资本的投资。在农村,几乎所有的劳动力都要从事农业生产,在旧体制的束缚下,多余的劳动力无法从传统农业中解放出来,大量零值劳动力沉淀于其中,过低的劳动生产率使劳动力要素的作用不能得到正常发挥,极大地妨碍了农业生产。后来二元社会体制开始松动,城乡间的壁垒被逐渐打破,农村剩余劳动力才得以在城乡间流动和转移。经验证明,在我国土地资源既定、资金短缺的情况下,调整劳动力的要素配置是输出地农村经济发展的主要途径,在当地就业机会不足的条件下,外出就业就成为输出地调整劳动力要素配置

① 见《关注劳动力相对成本》,《中国经济时报》,2004年1月29日。

的重要方式。外出就业可以充分利用劳动力资源,不仅优化了当地的就业结构,也提高了农村劳动力要素的使用效率。

劳动力要素的配置直接关系到劳动力要素作用的发挥,为劳动力要素优化配置创造一个良好的外部环境,是充分发挥劳动力价值的重要前提。而劳动力市场又是市场经济的核心支柱之一,只有统一的劳动力市场才能实现劳动力资源的有效配置。所以说,归根结底,劳动力要素能否成功配置在于劳动力市场能否建立。在我国,要素市场在改革以来的市场体系发育中相对滞后,劳动力市场在要素市场体系发育中更加迟缓,因此当务之急是要建立公平竞争、统一开放的劳动力市场,将农村就业纳入国家统一的就业政策范畴,取消各种就业准入制度,拆除对本地劳动力就业采取保护的"壁垒",减低劳动力流动的成本。虽然近年来,中央和各地方政府相继出台多项政策促进劳动力市场的建设,但一些大中城市对进城务工的农民仍有许多不合理的限制性约束。制度因素造成劳动力市场的分割状态,把民工排除在城市劳动力市场之外,对劳动力价值的实现形成了阻碍。

流动是任何市场的共同特性。从世界各国的经验来看,各个经济体系之中劳动市场的流动性大不相同。相比之下,美国的劳动队伍是世界上流动性较高的劳动队伍之一。近年,美国出现了所谓"新经济现象",劳动生产率大幅度提高,就业人数大增,失业率明显下降。其中,劳动市场就是新经济范式的重要组成部分之一。在新经济时代,美国劳动市场各个层面上的制度变迁不断,制度创新层出不穷。这些制度变迁和制度创新造就了一个高度流动和高弹性的劳动市场,将劳动力要素与其他生产要素有机地结合起来,促进了劳动市场与资本市场的融合。长期以来被经济学家们称之为劳动市场固有特征之一的刚性得到了缓解,劳动市场日益呈现出弹性或灵活性的特征(宋玉华 2002)。美国的经验值得我们借鉴。

5.3.3 加大对农村劳动力的人力资本投入,合理开发劳动力资源

劳动力市场的发育是一个渐进的过程,市场的发育同要素质量的提高是相互促进、共同发展的过程。这是因为,市场作为一种机制,为要素的流动与效率的提高提供了前提条件,而通过市场中的竞价必然会形成优胜劣汰,劳动力市场的内在机制要求在信息较对称情况下劳动要素理性地选择工作岗位以获得利益最大化(周达 2003)。在现实中,农村劳动力的低素质的确对他们进入高收入行业造成了严重的障碍。为了提高农村劳动力在劳动力市场上的竞争力,必须把提高劳动力素质同劳动力市场发育两者结合起来考虑,这就对加大农村劳动力人力资本投资提出了要求。

21世纪的中国正在向工业化中期迈进,产业结构的调整使得市场对劳动力的需求结构发生了显著的变化,技术工人,尤其是高级蓝领将在我国未来的经济发展中发挥至关重要的作用①。劳动力市场正由单纯的体力型向智力型、技能型转变,综合素质低、劳动技能差的劳动力在就业市场上正逐渐失去竞争力。要提高农村劳动力在市场上的竞争能力,必须加强人力资本投资的力度,改善农民的知识结构,增强其综合素质和能力。需要注意的是,在投资时,既要加强智力方面的投资,又要加强健康方面的投资,同时还要努力提高劳动者的思想道德素质,这些都是人力资本的重要内容,缺少任何一个方面都是不完善的,三者不可偏废。

---

① 所谓蓝领,是指技术工人,主要是在第二产业,特别是制造业中从事生产性工作的工人。他们是科技向生产力转化过程中的枢纽性角色,其基础性作用是其他类型高级人才无法替代的。然而有资料表明,高级技工严重短缺已成为我国制造业发展的瓶颈(曾湘泉 2002)。

5.4

本章小结

劳动力是一种重要的生产要素,其价格的高低对产品的成本有着非常重要的影响,并进而决定了产品价格的涨落。劳动力价格的确定,从供给方来看,主要是由劳动力生产成本决定的;从需求方来看,是由劳动力的边际生产率决定的。在短期内,劳动力的价格取决于劳动力市场的供给和需求状况;但从长期看,劳动力的供给对劳动力市场起着决定性的作用。所以说,劳动力的价格是由劳动力的再生产成本决定的,但同时受市场供求关系的影响。

通过本章研究可以得出结论,农村劳动力价格低,一个主要的原因是农村劳动力再生产过程中,投入低。另外一个重要的原因就是劳动力市场供求不平衡。劳动力市场不均衡表现为如下两点:一是劳动力市场总量供过于求,压低了劳动力价格;二是劳动力市场在结构上处于一种分割状态,从属劳动力市场大量低素质劳动力的存在导致了这部分市场供给严重过剩,劳动力价格难以提升。劳动力市场供给过剩、需求不足,一是因早期的人口政策失误造成的后果;二是受当前我国经济转型特殊时期所影响。但从长远看,随着经济结构的进一步调整,供求失衡的局面终将有所改善。而劳动力市场结构上的分割,也有两个因素:一是以户籍制度为代表的城乡二元分割社会体制所导致的;二是农村劳动力素质低下的结果。而二元分割体制又是导致劳动力素质低的部分原因。

长久来看,劳动力价格过低将对我国经济的进一步发展产生阻碍作用，要提升劳动力价值，一方面应加大对劳动者人力资本的投入，提高劳动力素质；另一方面，要打破二元分割的制度，建立城乡统一的劳动力市场。深层次意义上的城乡统一劳动力市场不仅仅是取消对进城农民的户口管制，其更重要的内涵应当是无论城乡，对所有劳动者，均按照人力资本含量多少及生产率水平的高低确定其劳动力价值和报酬，以实现同工同酬，公平竞争。因此，对农村劳动力而言，简单地放松对其流动的限制是远远不够的，同时还要加大对人力资本的投入，提高劳动者价值。唯有如此，才能使更多的劳动者有机会进入到正规劳动力市场，适当地缓解非正规劳动力市场上的供给压力，才能较好地理顺劳动力价格和成本间的关系，才能打破市场分割，真正实现劳动力市场的统一。

附录一：中国低工资成本引发国际贸易争端

劳动力的价格主要是由其生产成本和市场供求关系决定的。但作为一种特殊的商品，它还要受到当时、当地社会道德、历史传统等因素的影响。例如，在不同发展水平的国家和地区，由于社会文化传统、人们价值观念各异，生产相同质量劳动力所需成本是不同的，从而导致国家间工资水平存在一定的差异。这种差别会引起各个国家在国际贸易中相对地位的不同，并影响到某些相关产品的国际竞争力，进一步引发贸易争端。

2004年3月19日，美国最大的工会组织——美国劳工联盟及产业工会联合会（AFL－CIO；简称“劳产联”）在其网站上挂出了一则消息，宣布已经向美国贸易代表提出请求，希望美国政府动用“301条款”，“制止中国人为压低劳动力成本”的行为。这是美国工会组织第一次利用“301条款”中有关贸易权利条款，要求对他国进行制裁。也表明美国的非政府组织（NGO）鼓动政府向中国施压的频率正在增加。

2003年6月,美国“健全美元联盟”曾要求政府动用“301条款”对人民币汇率施压。“‘劳产联’的做法反映了美国一些利益集团对中国产品的敌视态度。”北京的经济专家认为,目前美国政府或许不会做出“过激的反应”,但“反对外包”倾向将影响中国正在进行的产业结构升级。

成本过低?

拥有1300多万会员的美国“劳产联”,在向美国贸易代表佐利克(Robert Zoellick)递交的信件中指出:一些中国民工陷入“每天工作18小时的噩梦”之中,他们在缺乏保障的情况下,使美国工厂失去成千上万个就业机会。

“劳产联”会长斯威尼表示,这是首次引用1974年通过的《贸易法》“工人权益”部分,要求布什以“301条款”制裁中国。他们要求政府根据美国法律而不是世界贸易组织制裁中国,要求布什政府与中国谈判,使中国劳工状况符合“国际标准”。

中国社科院工业研究所一位研究员对此表示不屑。他认为,美国团体对于中国劳动力成本的指责属于“无稽之谈”,中国政府并没有有意压低劳动成本。他分析,从统计数据看,中国工人的周平均工资低于周边国家和地区的标准,但这主要源于中国经济的“二元结构”,农村大量富余劳力向市场提供了源源不断的供给,因此中国制造业的劳动力成本处于较低水平;即使中国东部地区的工资水平有了大幅提升,但中西部地区剩余劳动力流向东部,东部企业仍然可获大量廉价劳动力。

我国劳动力价格低,一个原因是社会经济发展水平低,使得劳动力培育过程的成本低;另一个原因是劳动力市场供过于求导致的。对此,应从经济学的角度加以探究,并进行深刻的分析,而不能人为地加以控制。

2003年10月,中美商务理事会在北京正式成立。其宗旨之一,是希望通过中美企业间的交流,化解两国可能发生的贸易争端。

《财经时报》近日向该理事会的中方理事机构——中国贸促会提出相关询问,得到的答复是:目前中美双方并没有就上述问题进行磋商;如果要交流,也要到今年10月的例会上。中美商务理事会每年举行两次例会。

"特别301条款"会否影响中国经济?

国际贸易经济合作研究院外资部部长金伯生认为,美国的一些产业向中国转移是不可逆转的趋势,布什总统下令也没有用。

美国的"特别301条款"已经动用过124次。布什政府是否会在最后关头将此大棒砸向中国?《财经时报》采访到的几位专家均表示,"劳产联"的做法并不是真正针对中国的劳动力价格,而是阻止美国的产业向中国进行转移。

如果采取这种措施,中国经济会受到何种影响?温家宝总理的《政府工作报告》中明确提出,要利用国际产业结构转移的时机,促进中国的产业结构升级。

如果美国禁止其产业向中国转移,势必影响中国的产业结构布局。

中国现代国际关系研究院全球化研究中心副主任张运成指出,美国的一些州政府已经制定了法律,禁止美国的高新技术产业进行外包业务,美国的参议院也正考虑制定法律,阻止由美国政府组织的外包项目。

这种法律被普遍认为是美国禁止企业将生产重点转向中国的表现,说明美国为解决国内就业问题,已经开始动用法律武器对中国进行限制。但国际贸易经济合作研究院外资部部长金伯生认为,美国的一些产业向中国转移是一个不可逆转的趋势,"即使布什总统下令也没有用”。

“中国现在良好的投资环境是任何一个企业都无法拒绝的诱惑。”金伯生分析，随着经济发展，美国必然要将劳动密集型和部分资本密集型的产业移向国外，而中国当属首选之地。

“如果美国企业不来，其他国家将会取而代之。”日本协力银行日前的调查结果，有2/3的日本企业表示将加大在华投资。金伯生认为，即便布什政府以中国劳动力问题为借口，使用“301条款”对中国进行制裁，美国的企业也会继续向中国转移。

资料来源 钮键军、王哲勇：《“劳产联”发难中国低工资 美301条款再成唬招》，《财经时报》，2004年4月3日。转引自 http://finance.sina.com.cn。

附录二：民工荒与农民工生存状况调查

2004年春，我国南部一些地区发生了大范围的民工荒，有个别学者认为，我国劳动力供求关系已经开始发生变化，民工荒是劳动力市场供不应求的信号。但更多专家认为，民工荒的主要原因在于农民工劳动条件恶劣，工资水平过低，合法权益得不到保护。

年初，一场突如其来的“民工荒”席卷了珠江三角洲（以下简称“珠三角”）。他们为什么离开？

20年间，飞速发展的“珠三角”，一直是中国农民所向往的“乐土”，它为大量的农村剩余劳动力提供了一条出路。然而，2004年初开始，“珠三角”地区却遭遇了罕见的“民工荒”，使“廉价劳动力是不是‘中国制造’的核心竞争力”，再度成为理论界争论的话题。

长期以来，在强资本弱劳动力的格局下，农民工没有讨价还价的筹码，出现了超时加班，拖欠工资，机器吃人……可这一次，农民工用他们的脚，逼迫资本和当地政府做出正面回答。“提高最低工资标准”问题，陆续摆上一些地方政府的桌面。

一个多月以来,各路媒体齐聚“珠三角”,报道外来工短缺,有的说至少缺工100万,有的说缺口达200万之巨。但也有一些地方的劳动部门否认当地出现了“民工荒”,认为目前短缺的只是技工,普通工并不缺乏。7月底,广东省职业介绍中心派出4个调研小组,分赴短缺情况反映集中的东莞、深圳、佛山、中山、惠州、汕尾、清远、河源。结果显示,招工难现象自2003年起即有所显现。306家受调查的企业中有166家企业缺普通工,总计8.7万人。

2004年8月12日,广东省劳动就业服务中心举行了一场有关珠三角外来工短缺的新闻发布会。这是今春以来,广东省官方首次就外来工短缺问题发表看法。该中心同时公布了劳动力市场供求状况分析报告,用“从供求总体情况看,劳动力总量供不应求”为前一阶段的种种争论定了性。中心主任王观玉对缺工原因的解释是:工资水平低且长期得不到提高、长时间加班、劳动条件恶劣、生活质量不高、合法权益无法得到有效保障等,导致很多企业无法留住老员工,招不到新工人。调查显示,绝大部分企业劳工平均月工资在600元以下,92%以上的受调查企业存在不同程度的加班,其中近7成企业每周加班超过10小时,个别企业每周加班多达28小时。王观玉告诉在座的广东媒体记者,济南、长沙等内地城市月平均工资也在500元至600元之间。“长三角”的月平均工资高出“珠三角”50元至150元。言下之意,计入抛家舍业的成本,两相比较,没有外来工愿意千里迢迢跑到广东来。

小英们:MADE IN CHINA

1989年,未过正月十五,15岁的陈玉英和50多名重庆市忠县同乡姐妹在大石头码头挤上航船,开始了异乡打工之旅。那一年,上千万“不安分”的农民,像小英们一样,离开世代耕种的土地,到发达地区的城市里谋生。各条铁路线骤然吃紧:广州火车站广场聚集农民工最多时达3万多人;郑州北上始发列车严重超载,以致车箦过度受压无法正点发车。“当时,我们还不知道深圳是特区。”小英回忆。她们更不可能知道这里将成为中国竞逐“世界工厂”的起点。

与小英一样,香港人劳钊泉也是庞大淘金者队伍中的一员。不同的是,年轻的小英们仅仅背着铺盖卷,而劳钊泉们带着大把热钱和订单。1989年2月,劳钊泉在葵涌租下一栋厂房,取名致丽玩具厂。400多名女工全部招自四川(现为重庆)忠县和河南省,其中年龄最小的女孩仅14岁左右。

上班后的每一天,小英都感觉像在打仗。早晨7时起床,揉揉眼就得赶紧翻身下床,跑步去洗漱和上厕所。洗漱完毕,家里经济压力不太大的女工还可以跑到厂门口去吃一顿5毛钱的早餐,有些人则直接跑到厂房一楼去打卡上班。打卡时间必须抢在7时30分之前,否则会被罚款,这一天就算白干了。小英的工作是用绣花针或电热胶给“小狗小兔”做鼻子眼睛,每做一个1毛钱,最多时每个月能领到300多元。没人知道当年劳钊泉从女工们做的每一个玩具上能赚到多少钱。10多年后,拄着单拐的小英才知道,她们当年生产的是一种名为CHICOO的意大利名牌玩具,在香港的大商场里每个标价几十港币至数百港币不等。10多年里,耐克、阿迪达斯、花花公子等等但凡能够想到的世界名牌衣服、鞋帽和玩具,经过上千万小英们的手贴牌、打包装箱。成集装箱标明“MADE IN CHINA”的货物,被源源不断地运往全球各地。

加班！加班!!加班!!!

2004年9月9日,东莞市厚街镇慧艺鞋厂。傍晚6时,鞋厂院子里准时响起了节奏强劲的迪斯科音乐。今年6月初,该厂600来名工人发现,与以往不同,他们上下班时总能听到一些或劲爆或舒缓的音乐了。除此之外,每周的加餐由两顿增加到了4顿,经理们每个月都会为当月过生日的工人举办一次祝福活动。这是鞋厂企划总监廖大军费尽心思想出来的创意，旨在缓解工人们连续加班造成的紧张情绪。

下午4时左右，鞋厂三条流水线上空无一人。在宿舍楼里，廖大军指着那些正蒙头大睡的工人说，因为昨天加了通宵的班，交完货后工人们就提前下班休息了。他现在最担心的是，连续加班让不堪忍受的工人纷纷离开，工人流失又将导致工厂不得不要求余下的工人更多地加班。

眼下面临缺工窘境，工厂不得不对工人做出让步。而在到东莞已近10年的廖大军的印象里，过去工厂从来不用为留住工人发愁。“很简单，你不干，厂门口还有大把的人等着进厂。”那时候工厂不像现在这么多，订单充足，经常加班至夜里24时，有时甚至要连续通宵加班。很多女工干着活儿就打起了瞌睡，被绣花针扎伤或被电热胶烫伤手指是经常的事情。

广东省社会科学院的丁力教授认为，加班是“珠三角”经济模式的一个伴生物。他发现，“珠三角”多数企业既无销售部又无投资部。“这些企业根本不能算是完整的企业，顶多只能称之为一个庞大的加工车间。”他看到的“车间”就是所谓的“三来一补”企业。即利用香港的国际贸易中心地位，在香港接生产订单，到“珠三角”加工，赚取人工、原料、地租等成本差价的来料加工、来料装配、来样加工和补偿贸易等生产方式及销售方式的企业。来自全球各地的订单往往直接下到以自由贸易闻名的香港，香港各大贸易公司转手将这些订单发至遍布“珠三角”的大小工厂或贸易同行。为及时交货，这些从香港接到订单的较大的贸易公司，一方面会将部分订单直接下到工厂，同时还会将部分订单再次转包给更小的贸易公司。东莞市厚街镇一家贸易公司的业务员海伟说，从一个人到上百人的贸易公司，和同样数不清的从10多个人到数万人的各类工厂，构成了这个世界加工制造业中心最为奇特的景象。

对工厂老板而言,尽管订单价格经过层层转手剥皮,利润已很微薄,但他们仍然能够确保自己的收益。办法是尽量增加产量,同时压低工人工资。“只有工人加班才意味着老板有更多的钱可以赚。”海伟说。与西方工人以罢工要求“减少加班”不同,“珠三角”工人们在停工怠工中经常喊出的口号却是“恢复加班”。深圳当代社会观察研究所刘开明博士说,这是“珠三角”工人们做出的一种无奈选择。工人所得大部分源于加班,减少加班即意味着减少收入。“其实,如果基本工资足够高的话,没有工人愿意加超过两个小时的班。”

10年不变的低工资

与“珠三角”年均20%多的GDP增速比起来,在东莞打了4年工的付文华几乎没有感觉到自己的工资有什么变化。国务院发展研究中心一份报告显示,最近12年来,珠江三角洲外来工月平均工资仅增长了68元。2004年8月,东莞执行的最低工资标准为每月450元。但某厂规定,其中只有280元为工人的基本工资。“这看起来没什么,但因为涉及加班工资的计算,大有讲究。”黄林琰算了一笔账,按280元的基本工资,工人平常加班计算加班工资的基数就是每小时1.61元。平常、周末和节假日的每小时加班工资分别是这个基数的1.5倍、2倍和3倍。“实际上,加班工资的基数应该按450元的最低工资水平来计算,为每小时2.69元。”

中山大学黄巧燕教授指出,按照国际惯例,最低工资标准应为上年度社会平均工资的40%至60%,我国劳动部门也已出台了这样的规定。但目前“珠三角”城市这一比例却只能达到20%至30%。

但10多年不变的低工资正是“珠三角”吸引外来投资的最大砝码。以一件在“珠三角”加工的国际名牌衬衫HugoBoss为例,在美国纽约最繁华的第五大道的零售价是120美元,其中各级经销商和品牌拥有者赚了108美元(占90%),接受订单生产的中国制造商只赚取了12美元(占10%)。而多数时候,中国的制造商们还在打价格战,只以9.6美元(8%)的报价争抢订单。最后中国制造商的利润率往往跌落到1%至2%。在"珠三角",一个公开的秘密是,为节省人工成本,绝大多数工厂都按照最低工资水平线来确定工人的底薪。

除法定税收外,工厂还必须向当地政府上缴贸易补偿费。以深圳宝安区公明镇为例,该镇每年1.8亿元的财政收入中,"三来一补"企业上缴的贸易补偿费就贡献了2500万元。资料显示,在珠三角发展初期,很多地方这笔收入占到当地经济总收入的90%以上。当地村民们每年都可以从村里领到一笔分红,分红来自工厂的厂房租金。在"珠三角",一些经营好的村,每个村民分红可高达10万余元。"事实上,无论老板赚取的纯利润还是上缴的各项税费,包括当地村民拿到的年终分红,都来自工人超过自身劳动所得的剩余劳动。"刘开明博士说。

"珠三角"很多地方都与深圳一样,外来工人数倍于当地户籍人口。"没有外来工,就没有今天的深圳,也没有今天的'珠三角'。"刘开明对这句话的解读是,除了政策和外来投资因素,来自中国的上千万廉价剩余劳动力,以极高的劳动生产率与极低的劳动所得,为"珠三角"创造了经济和社会发展所必需的原始资本积累。

然而这个事实,被大多数人忽略了。

今年7月,丁力教授领衔的课题组做了一份"2002年广东省地区综合竞争力评估报告"。人均GDP一直是评估地区竞争力的一个重要指标,但以往均以户籍人口作为基数。这次丁力把户籍人口这个基数扩大至常住人口(含流动人口)这个总数。令人吃惊的是,按照新的测算办法,人均GDP一直排名广东省第一的东莞市突然掉到了第九位。“这个结果从侧面反映了外来工为‘珠三角’所做的贡献。”丁力说。

外来民工的辛勤劳动有力地推动了“珠三角”地区的经济繁荣，相比之下，他们所得到的工资待遇却少得可怜，生存环境也极为恶劣。在劳动力供给严重过剩的情况下，雇主通过向工人支付低工资赚取了更多的利润。然而这种情形并非是一成不变的，务农收入的提高，以及其他地区经济发展所带来就业机会的增加，使得局部地区的劳动力供求状况出现波动，“民工荒”的爆发就足以说明问题。并且劳动力价值过低必然引起劳动生产率下降，从长远角度看，对我国经济发展是极为不利的。因此，加大人力资本投入，提升劳动者价值是十分必要的。同时，还要促进城乡统一劳动力市场的建立，打破市场分割，理顺劳动力生产成本与价格的关系。

资料来源 《在“世界工厂”深处——“珠三角”农民工生存状况调查》，http://news.163.com，2004年12月31日。

6 农村劳动力再生产成本与农村人力资本积累

亚当·斯密曾说过,“学习一种才能,须受教育,须进学校,须做学徒,所费不少。这样费去的资本,好像已经实现并且固定在学习者的身上。这些才能,对于他个人自然是财产的一部分,对于他所属的社会,也是财产的一部分。工人增进的熟练程度,可和便利劳动、节省劳动的机器和工具同样看做社会上的固定资本。学习的时候,固然要花一笔费用,但这种费用,可以得到偿还,赚取利润。”他认为“社会上一切人民学到的有用才能”都是一种固定资本,是社会资财的一部分[①]。这段话表明，把一个人培养为具有劳动能力的正常人是需要花费一定成本的，这种投入如同物质资本一样，可以提高劳动生产率，为劳动者带来收益，并为社会创造新的价值。这就是人力资本的投资。

家庭是人力资本投资的主体，在劳动力成长过程中，对其在营养保健、文化教育等各方面所做的投资，都将对劳动者未来的人力资本积累水平产生重要影响。本章的主要目的就是要从人力资本的角度，来分析农村劳动力再生产成本与农村人力资本积累两者的关系。

6.1 人力资本投资的内容和意义

6.1.1 人力资本投资的内容

从舒尔茨的观点来看，人力资本体现在人的身上，表现为人的知识、技能、经验和技术熟练程度等，总之表现为人的能力和素质。它是通过人力资本投资而获得的，人力资本的投资包括四个方面：教育、在职培训、保健和人口的迁移。其中，健康与教育是在每个人身上都必须进行的两种相互关联的人力资本投入，在很大程度上它们预示了整个社会的经济福利和个人的相对福利(Hunt-McCool 1998)。因此本章重点选取人的智力资本和健康资本这两个方面来进行研究。

① 亚当·斯密：《论资财的性质及其蓄积和用途》，见：《国富论》，第二篇，陕西，陕西人民出版社，2001。

虽然智力资本主要是通过教育、培训来获得的,而健康资本则是通过医疗卫生、营养保健而获得的,但它们并非相互独立的两个概念,恰恰相反,两者之间可以通过各种途径相互作用。关于教育对健康水平的影响,各学者的研究结论不尽一致。M.格罗斯曼认为教育水平高的人是更有效的健康水平生产者,因为他们知道如何保持健康,如何使用药品等市场消费投入和时间来生产健康,从而会从事更多的健康保存行为;也就是说,教育通过提高用来发展和保持个人健康投入品的生产率,直接影响健康(Grossman 1972)。大多数经济学家则认为教育水平与健康状况相关仅仅是因为他们都与一个或多个其他因素相关,比如,教育通过改变个人的时间偏好间接影响健康(Fuchs 1982)。从另一方面看,健康状况的改善会刺激人们获得更多的人力资本,即刺激人们接受更多的学校教育和获得更多的职业经验,以作为未来收入的投资;并且刺激父母们更多地投资于其子女的人力资本。这是因为,通过改善健康可延长平均预期寿命,从而延长职业生涯,降低教育投资的折旧率,使这些投资能在更长的时期内获得不断增长的未来收益,提高其回报率;而寿命的延长和更加充沛的精神和体力,再加上增加收入的可能性的加强,使劳动者愿意更多地投资于自身的教育培训和技能训练,带来工作数量和质量的提高。沃尔夫的实证研究表明,身体健康状况不良最终会限制教育水平和工作中的培训及工资的上涨;劳动力市场中,伤残等疾病会直接带来工作努力的减少、技能贬值和在职培训的受限(Hunt-McCool, Bishop 1998)。总之,教育与健康是人力资本投资中两种相互关联的投入,缺乏其中任一方,另一方的投入都必然会是边际收益递减,并带来收益率的下降(徐倩,谢勇 2004)。

6.1.2 人力资本投资的意义

人力资本投资通过提高劳动者质量而提高劳动生产率，它既能增加劳动者个人的收益，也能促进经济的增长。效率工资理论认为，劳动时间可以被区分为"时钟时间"和"效率时间"，一个效率高的劳动力在给定的"时钟时间"内，会生产出较多的"效率时间"。单位"时钟时间"内生产的"效率时间"依赖于劳动力的营养状态，这样，营养的好坏就会直接影响到劳动的效率或产出。另外，如果该理论所说的短期营养状况与劳动效率之间的关系是存在的，则中期和长期营养状况以及健康其他方面（如疾病等）与劳动效率之间的关系也同样存在。同时，如果从事的活动不是简单体力劳动，受教育程度基于同样的原因也应和劳动效率发生联系，受教育程度高的人完全可以通过更有效的工作来获得更高的产出。因此，效率工资理论为人力资本与劳动产出之间的关系提供了最基本的解释框架（张车伟 2003）。

（1）教育水平对劳动生产率的影响。在国外，很多学者就劳动生产率和人力资本的关系进行了研究。海姆和拉坦（1971）认为劳动生产率的差异来自三个方面：资源状况、技术投入和人力资本，其中人力资本能解释低收入国家劳动生产率差异的大约1/3。假定土地、资本和劳动力数量不变，提高劳动力的教育和健康水平，劳动生产率可以大幅度提高。他们认为，如果对教育、研究和技术进行投资，贫困地区的人均农业产出则会成倍增加。埃文森和基斯莱（1975）基于同样的数据，通过构造生产函数模型发现，技术和教育变量像资本变量一样对不同国家劳动生产率差异的贡献十分明显。洛克希德等人（1980）对18项有关教育影响劳动生产率的研究进行归纳后发现完成4年基础教育的农民的劳动生产率比没受过教育的高7.4%，在现代农业中教育对劳动生产率的影响比在传统农业中要大很多。贾米森和莫克(1984)检验了尼泊尔农民受教育程度与劳动生产率的关系,他们的模型表明教育水平对粮食产量的影响非常显著,完成7年以上的正规教育能使粮食产量增长30%以上。此外,非正规和成人教育也对增加农业产出有积极影响,上过学的农民会更多地使用化肥,主动与农业技术机构联系,并更有可能采用新技术(贾米森和Lau 1982)。舒尔茨(1988)也认为人口的教育水平和他们在家庭生产及市场经营中的效率存在着很强的相关性,农民的教育水平是农业生产率的一个重要决定因素,受过教育的农民更有可能采用新技术,他们的产出和收入要比没受过教育的农民高很多。

埃森费尔特和克鲁格在研究受教育程度和收入之间的关系时,为了排除先天因素的干扰,采访了大约500对年龄在18岁以上的双胞胎,特别注意了那些具有不同教育水平的同卵双胞胎。他们发现,那些受过良好教育的双胞胎往往比缺乏教育的双胞胎收入水平更高,同样,双胞胎中受过更多教育的个人要比其双胞胎兄弟或姐妹收入更高,据他们估计,平均每增加一年的学习时间将增加16%的工资(坎贝尔·R.麦克南 2004)。

在国内,也有一些相关的研究证实了这一点。在中国贫困地区,农户受正规教育3~6年与0~3年相比,对劳动生产率影响不大;但如果延长受正规教育年限从0~3年到6年以上,农户劳动生产率可增加29.2元/人或6.7%(李伟 2001)。

都阳(2001)的研究表明,如果其他条件相同,某人多接受一年的正规教育,会使他参与非农活动的概率增加2个百分点;同样给定其他条件的情况下,有技能的人较没有技能的人参与非农活动的概率要大19%。

陈玉宇(2004)的研究支持同样的观点,即教育显著提高了人们到工业部门工作的机会,改善了人们的生活方式,它在决定劳动力从农业向工业部门转移过程中发挥了重要作用。而拥有工资收入能够使劳动者家庭人均收入增加50%左右。综合劳动力转移、工资收入、家庭规模等影响因素,教育通过增加人们到工业部门工作的机会,所带来的回报为5%~7%。

教育不仅直接带来了生产率的提高和收入的增加,还可带来其他方面的效用。如受过更多教育的人,在工作中可以有较多的选择机会,对环境的适应性更强,其生活质量也就更高。此外,更多的教育还可给人带来成就感和自豪感,使人心理上得到满足,也是一种效用。

(2)健康状况对劳动生产率的影响。除了智力资本外,健康也是人力资本的重要组成部分。营养水平和医疗、卫生保障程度从生理学角度直接影响着人口的健康状况,并从经济学意义上间接作用于劳动生产率从而影响经济增长。比如,人的体格与耐久力和力气有关,人们吸收的热量越多就越有力气做好工作。而健康不良的人不仅要忍受肉体和精神上的痛苦,还因就业机会和提升机会的减少、工作时间的缩减、工资的减低而付出经济上的代价。20世纪80年代以来许多经济学家做了这方面的研究,并得出结论,在热量摄入水平很低的情况下,热量摄入的持续增加与劳动生产率的提高成正比。一项对塞拉利昂农户的研究表明,农村劳动力摄取卡路里的水平每增加10%,农业产量就会提高3.3%。而在斯里兰卡,劳动者的卡路里摄入水平每增加10%,工资水平就会提高2%。这些结果的含义是卡路里摄入量从1500千卡提高到4000千卡,对于人力资本的效果,相当于从文盲进步到上中学和高中毕业[①]。John Strauss也提出,在收入非常低的农村家庭

① 蔡昉:《2000年中国人中问题报告——农村人口问题及其治理》,北京,社会科学文献出版社,2000。

中，可获得的营养使得家庭中农业劳动力的人均产出增加(谭琳，阿巴斯 1999)。

有的研究不仅揭示了健康与生产率间的正相关关系，还给出了在什么范围内健康状况改善余地更大，从而产生正的生产率效应。其中一项研究给出的拐点是按1987年价格计算的690美元，或按购买力平价计算的3554国际美元。粗略地算，我国城市家庭的20%，农村家庭的80%都要低于这个拐点①。该结论对我国农户健康投资有着极为重要的意义。

魏众(2004)利用1993年中国营养调查数据，探讨了中国农村地区健康对非农就业及其工资决定的影响，并试图从微观层面揭示中国农村地区健康与收入之间的关系。他的研究发现，健康对劳动参与和非农就业参与影响很大，提高健康资本存量对于农民获得非农就业机会具有重要的作用。然而，在工资决定方面，健康并没有表现出显著的影响。

此外，与健康一样，教育对于非农劳动参与的作用强于其对工资决定的作用。20世纪90年代初期，我国城市对外来民工存在较强的限制，但后来随着城市化的推进，对外来劳动力的限制大大放松，特别是近年来，城乡统一劳动力市场正在逐步形成，农民进城就业的机会将越来越多，所以该项研究的结果只能反映当时的情况。

后来又有学者就健康对劳动生产率的影响做了进一步的研究。根据李伟(2001)的研究，没有不健康劳动力户的劳动生产率比有不健康劳动力户高36.9元/人或9.3%。并且他发现，教育和健康对劳动生产率的影响程度因各地发展水平不同而产生差异。在他研究的全部地区，教育变量在经济发展水平高的东部地

① 蔡昉:《2001年中国人口问题报告——健康与经济增长》，北京，社会科学文献出版社，2001。

区对劳动生产率有更大的影响,而健康变量则对中部和西部的农业发展更加重要。

张车伟(2003)则运用来自中国贫困农村的数据,系统地分析了营养、健康对农户收入的影响。他在控制着营养和健康变量"内生性"的前提下,估计了不同的营养和健康指标在中国贫困农村的回报和弹性。结果表明,几乎所有的营养和健康方面都影响到农村的劳动生产率,其中,营养摄入和疾病的影响最为显著。平均来看,卡路里拥有量每增加1%,种植业收入会相应增加0.57%;而家庭劳动力因病无法工作时间每增加一个月,种植业收入将减少2300元。

(3)人力资本投资收益的外部性。人力资本投资除了会增加个人收益以外,还会产生正的外部效应。从教育投资来看,它不仅给受教育者个人及家庭带来直接货币收入的增加及由于消费能力、理财能力、健康保护能力等的提高而增加的收益,也会通过较强的示范作用,将知识和技能传递给他人,提高整个社会生产水平;教育还能够经由增加劳动力队伍的灵活性和流动性,对劳动需求方面做出反应,有助于提高分配的效率和整个社会资源配置的合理程度(赵履宽 1997)。就健康投资来说,它一方面给个人带来可见的效用及经济利益;另一方面,疾病减少、卫生环境改善又可以使整个社会健康水平提高,国民收入增加(徐倩,谢勇 2004)。人力资本对经济发展的作用还体现于其可能产生的其他外溢效应,如一个地区的人力资本存量增加会降低生育率水平,增加社会文明程度,改善整个社会的生活质量,增进全体国民的福利水平,等等。

以上引用的各项例证表明,对教育和健康等人力资本进行投资,可以有效地提高劳动者的生产率,增加家庭收入,促进整个国民经济的增长。而教育和健康水平低下则不利于劳动生产率的提高,会减少劳动者的收入,甚至在某些农村地区导致贫困的发生。

事实上,在我国西部农村地区,的确有一部分贫困是因健康水平低下造成人力资本投资不足而产生的贫困,即“健康贫困”①。

舒尔茨曾指出,在低收入国家,改进穷人的福利的关键性生产因素不是空间、能源和耕地,而是提高人口质量,提高知识水平。世界银行《1990 年世界发展报告》通过评估全球范围内的贫困状况和对 25 年来不同发展中国家反贫困战略的经验总结,得出结论:与贫困作斗争最成功的国家都推行一种有效地使用劳动力的增长模式,增加对穷人在医疗卫生、营养保健和教育、培训方面的投资,改善和提高人口素质。投资于穷人的健康可提高他们的可教育性和生产率,既能赋予穷人脱离贫困所需要的生产,又能赋予他们免受身体之苦的直接福利收益,该投资能达到效率和公平的高度统一。这些发展中国家的历史经验表明,由健康投资和智力投资所构成的人力资本投资,是发展中国家改造传统经济、加速现代化进程的关键措施。如果说,向穷人提供更多的就业机会是为摆脱贫困寻找出路的话,向穷人提供更多的社会服务(医疗卫生、教育)则是为了消除贫困的根源。

6.2

我国农村人力资本现状分析

从历次全国人口普查资料来看,随着社会的进步,我国人口素

① 孟庆国和胡鞍钢对健康贫困定义为:健康贫困是一种机会丧失和能力剥夺,即由于经济发展水平低下、支付能力不足所导致的参与医疗保障、卫生保健和享受基本公共卫生服务的机会丧失,以及由此所造成的健康水平下降导致的参与经济活动的能力被剥夺,从而带来了收入的减少和贫困的发生或加剧(樊桦 2001)。

质较之前些年有了大幅度的提高(见表6-1),但相对而言,目前农村劳动力素质还普遍偏低,进而导致了他们的劳动生产率水平低下,制约了生产力的进一步发展。

表6-1 历次全国人口普查人口文化程度对比

		1964	1982	1990	2000
每10万人拥有的各种受教育程度人口(人)	大专及以上	416	615	1422	3611
	高中、中专	1319	6779	8039	11146
	初中	4680	17892	23344	33961
	小学	28330	35237	37057	35701
文盲人口(万人)		23327	22996	18003	8507
文盲率(%)		33.58	22.81	15.88	6.72

资料来源 国家统计局人口和就业统计司:《中国人口统计年鉴2003》,北京,中国统计出版社,2003。

6.2.1 智力资本

同发达国家相比,我国劳动力文化素质总体水平较低。据全国第五次人口普查资料显示,2000年我国从业人员中仍以具有初中和小学受教育水平的人员为主体,占75%左右,其中仅接受过小学教育的占33%。而接受过高中和中等职业技术教育者占12.7%,接受过高等教育的占4.7%。这种受教育比例远不能满足现代经济对劳动者知识、技能的需要,现实中也表现为高层次专业人员和劳动熟练工人严重缺乏。随着知识经济的到来,这种现实产生的影响将会越来越大。分产业看,第一产业(农林牧渔业)从业人员的平均受教育年限仅为6.79年,初中及以下教育水平的人员超过95%。日本同期同行业人员平均受教育年限为10.67年。1997~1999年间,我国的农业劳动生产率仅是日本的1.03%,受教育年限少是其重要原因;第二产业(以制造业和建筑业为主)从业人员平均受教育年限为9.44年,相当于初中毕业水平,与日本的同行业相比,人均受教育年限相差3年左右。我国具有大专及以上教育水平的从业人员比例与日本差距更大,在制造业和建筑业这一指标相差5倍左右。第二产业劳动力的整体文化素质难以支撑我国制造业技术进步和劳动生产率的持续提高;第三产业(金融、保险从业人员人均受教育年限为13.19年,是第三产业中受教育水平较高的行业)从业人员整体文化程度不适应现在产业、行业结构升级的要求。与日本相比,我国这些行业从业人员平均受教育年限仍相差0.8年。

在广大农村地区,劳动力的素质则更为低下。虽然从1990年到2003年乡村文盲率呈现大幅度下降,其中男性文盲率下降近7个百分点,女性文盲率下降约15个百分点。但从绝对值上看,文盲比例仍很高,尤其是女性人口的文盲率仍高达20%以上。

表6-2 历年全国乡村分性别的15岁及15岁以上文盲、半文盲人口比例

单位:%

	1990	1995	1996	1997	1998
男性	15.74	11.09	12.64	13.04	13.18
女性	37.11	28.37	30.48	29.86	29.62
	1999	2000	2001	2002	2003
男性	12.12	6.45	8.62	8.71	9.22
女性	27.86	16.89	21.34	21.59	21.72

注:2000年为文盲人口比例。

资料来源 各年《中国统计年鉴》。

2003年全国15岁以上文盲人口近11万,其中3/4以上分布在农村。从城乡比较看,农村男性文盲率高于全国平均水平约3个百分点,高于城市约7个百分点;农村女性文盲率高于全国平均水平约6个百分点，高于城市约6个百分点(见表5-8)，不同性别间劳动力文化素质表现出较大差异，女性文盲率远远高于男性文盲率。

此外，城乡之间劳动力受教育水平的层次结构存在明显差距，农村劳动人口人均受教育年限为7.33年，而城市是10.20年。2003年农村小学与初中文化人口在总人口中占75.14%，高中文化人口占5.86%，大专以上占0.69%，农村文盲率为11.17%；而城镇小学与初中文化人口在总人口中占55.45%，高中及以上占33.55%，城镇文盲率为5.23%。

表6-3 2003年6岁以上人口受教育程度城乡对比

单位：人

	6岁以上总人口	不识字或识字很少	小学	初中	高中	大专以上
全国平均	1182247	114500	395118	449693	158060	64875
城　市	311442	15321	61530	110715	79049	28447
城　镇	179826	13346	47558	68394	35577	11769
农　村	690979	85832	286031	270584	43434	4398

资料来源　国家统计局人口和就业统计司：《中国人口统计年鉴2004》，北京，中国统计出版社，2004。

6.2.2 健康资本

国际上通常用两个指标来反映和比较一个国家国民的健康状况：一是平均期望寿命；二是婴儿死亡率。虽然从新中国成立前到现在，从这两个指标看，我国人民的健康水平总体上确已处于发展中国家前列，达到了中等收入国家的水平，但如此辉煌的成就主要是20世纪80年代以前取得的，80年代以后，进步非常缓慢(见表6-4、6-5)。在1982～1998年间，中国的人均寿命增加了3岁，而基数比中国高的澳大利亚、日本、新西兰和新加坡增加了4～6岁，香港地区也增加了5岁，与中国基数相同的斯里兰卡，增加5岁。就婴儿死亡率而言，1980年亚太地区各国的婴儿死亡率都比中国低，但到1998年，还有三个国家(韩国、马来西亚、斯里兰卡)的下降幅度比中国大。通过比较可以发现，总体上看，我国人口的健康状况近年来并没有得到很大程度的提高。

表6–4 各年全国人口平均预期寿命变动情况

单位：岁

	1982	1990	1996	1998	2000
预期寿命	67.77	68.55	70.80	71.20	71.40

资料来源 历年《中国人口统计年鉴》。下同。

表6–5 历年全国乡村分年龄人口死亡率

单位：‰

	各年龄总计	0~4岁	5~9岁	10~14岁
1994	6.77	9.21	0.68	0.72
1995	6.83	8.20	0.72	0.57
1996	7.05	9.28	0.66	0.54
1997	6.90	10.26	0.80	0.74
1998	6.85	9.53	0.70	0.53
1999	6.57	8.28	0.44	0.29
2000	6.87	7.50	0.63	0.47
2001	6.64	6.54	0.46	0.45
2002	7.30	5.53	0.50	0.47
2003	6.98	5.03	0.72	0.47

即便如此，在国内，城乡人口间的健康水平也仍存在着较大的差距（见表6－6），特别是从20世纪90年代中期开始，我国农村居民一些主要健康指标的改善幅度明显减缓或停滞。妇幼健康方面的城乡差距越来越明显，1994年农村孕产妇死亡率和婴儿死亡率分别是城市的1.9倍和2.9倍，到2000年已上升到3倍和3.4倍。此外，2000年我国城镇人口平均预期寿命为75.21岁，农村人口平均预期寿命为69.55岁，农村比城镇少近7年。而且，只有预期寿命和婴儿死亡率并不能反映人口的全部健康状况，这是因为大量的疾病或不健康状况并不致命。农村中患各种各样慢性疾病的人群还很多，尤其是中西部农村，依然是以感染性疾病和营养不良为主。

表6–6 2003年全国各年龄人口死亡率

单位：‰

全国平均	各年龄总计	0~4岁	5~9岁	10~14岁
城　市	6.05	3.89	0.55	0.43
城　镇	4.72	1.12	0.21	0.21
农　村	4.73	2.99	0.27	0.57
	6.89	5.03	0.72	0.47

资料来源　《中国人口统计年鉴2004》。

由于目前理论上对智力资本和健康资本（尤其是后者）的度量尚未形成统一的标准，再加上资料的不完整性，本章无法全面地对农村人力资本水平进行衡量。但通过以上一些简单指标的对比，我们至少可以发现，不论是国际比较还是国内的城乡比较，也无论是智力资本还是健康资本，农村劳动力的人力资本存量都很低，这种状况是难以适应经济发展需要的。

6.3

儿童人力资本投资及对劳动者未来人力资本的影响

我国农村人力资本水平低的现状要求必须加大人力资本投入,然而,农民素质的改善并非一朝一夕就能解决的,需要长时期的努力。并且根据人力资本理论,儿童时期人力资本投资状况将对其成年后人力资本存量具有决定性的意义,进而对劳动生产率的高低产生重要影响。因此,要改变农村劳动力素质低下的现状,应从加强和改善农村儿童人力资本投资开始。

6.3.1 儿童人力资本投资的意义

人力资本投资的一般范畴可以用一种生命周期年表来描述,一个人人力资本积累的大部分是发生在家里,特别是在生命周期中的最初阶段。在抚育儿童的过程中,由父母,主要是母亲所提供的对孩子的抚养照料、家务和职业工作的经验、学校教育,以及卫生保健等都是可变的人口质量因素,是对孩子质量的一种投资。而人力资本的存量对劳动者的生产率水平有着明显的影响,现阶段对人力资本投入越多,将来的收益也就越大。所以说,一般地,培育劳动力所费越多,其成年后就会获得越好的健康和教育水平,从而其生产效率也就越高。特别是在低收入国家,更健康的儿童养育措施对于成年时的生产力会产生双重影响:不仅一个更健康的成年人拥有更高的生产力,而且其寿命也更长。因此,对于更长期的学校教育投资和培训投资的激励便增加,因为当收入期被延长以后,此类投资的赢利性也增加了。其他学者(莱博维茨,布鲁姆 1976)对孩子的投资所进行的分析也已表明,家庭投资的变量与孩童时期人力资本量的确具有十分显著的正相关关系,家庭的投资提高了所计量出来的人口童年时期的人力资本存量,并对孩子后来的发展关系重大(舒尔茨 1981)。

6.3.2 农村儿童教育状况

新中国成立后几十年间,我国儿童受教育水平已有了相当大的提高(见表 6-7)。1964 年第二次全国人口普查时,全国 7～12 岁不在校学龄儿童达 5.7 亿人,占同龄人的 50%以上,即全国有一半以上儿童没有上学接受教育。到 2000 年第五次人口普查时,不在校学龄儿童数量已降到 533 万人,所占比例下降到不足 3%。尤其是改革后,儿童受教育状况改善程度明显加快。从最近三次人口普查的资料看,近 20 年来,城乡 14～17 岁青少年的平均受教育年限提高了 26.2%。

表 6-7 各年不在校学龄儿童状况对比

单位:人,%

年份	不在校学龄儿童人数	不在校儿童占总数的比例	其中:城乡不在校儿童占城乡同龄儿童比例		
			城市	城镇	县级
1964	57210224	50.06	28.96	–	53.31
1990	32870000	18.62	14.05	12.35	20.02
1995	18360000	8.83	5.60	5.08	9.87
2000	5330000	2.68	–	–	–

注:1964 年学龄儿童为 7~12 岁,1990 年学龄儿童为 6~14 岁。

资料来源 历年《中国人口统计年鉴》。

虽然从整体上看,我国儿童教育事业发展很快,但也应看到,在农村,特别是中西部一些贫困山区,学龄儿童失学现象仍然非常严重。2000 年第五次全国人口普查时,全国 6~14 岁学龄儿童有 19 862 万人,其中 19 328 万人已入学接受教育,就学率 97.32%。在未上过学的 533 万人中,10~14 岁孩子占 94 万人,占同龄人口的 0.75%。这些未上过学的学龄儿童主要分布在乡村,全国乡村未上过学的 10~14 岁儿童共 84 万人,占全国未上过学同龄人口的 88.97%,占乡村同龄人口的 4.45%。其中男孩 33 万人,女孩 51 万人,女孩是男孩的 1.55 倍。乡村女孩失学问题相对突出,也是造成农村女性文盲率偏高的原因,并且由下一节分析可知,对孩子投资的这种性别歧视现象将进一步导致下一代人力资本的不足。

此外,近年来,进城打工的农民日益增多,有的举家外出,流动人口中出现了一部分随父母外出的流动儿童,受家庭经济状况、户籍管理的制约,有部分流动儿童无法正常接受教育。《2004 年中国人口与劳动问题报告》的资料显示,2003 年我国流动儿童失学率达 9.3%,在 9 个被调查城市中近 20%的流动儿童无法进入当地公立学校学习,6 周岁流动儿童未入学的比例高达 46.9%,已入学流动儿童中还有不少因家庭贫困无法维持学业。随着劳动力流动规模的不断扩大,流动儿童将越来越多,如果不及时采取相应措施解决他们的就学问题,将引发许多新的社会问题,其后果将是相当严重的。

考虑到教育所产生的年代效用,如果一个孩子在年少时没有上过学,那么他成年后重新接受教育的可能性是很小的,即使有机会,其效果也是很差的。按现阶段我国农村儿童的受教育状况,这未上过学的 500 多万儿童长大后进入劳动力市场时,将成为新的文盲,根本无法适应经济发展和产业结构调整的需要,这对于劳动者本人的发展是非常不利的,并将阻碍社会的进步。

从农村孩子抚育成本的数额来看,尽管文教娱乐费用所占比例不算太低,但因成本总量是比较少的,因此农户用于孩子文化教育支出的绝对值仍然很小。而且,人力资本是一个非常宽泛的概念,它是指人的各方面素质,除了智力资本和健康资本外,还应该包括人的思想道德、价值观念等内容。就智力资本而言,要想获取智力资本最重要的途径当然是进行教育投资,但它绝不只是简单地对人进行教育投资就能实现的,还要通过开展其他活动来全面提升人的素质,如外出旅游可以开阔视野、增加阅历,看书读报可以锻炼思维等等。然而,在农户目前对孩子教育投资的构成中,为孩子上学而缴纳的学费占全部费用的绝大多数,而购置学习用品的费用则比较少,至于用于进一步开发儿童智力、提高孩子综合素质的其他服务性支出就更少了(见表6-8),这种投资结构是不合理的。

表 6-8 1983~2003 年文教娱乐费用各部分构成比例对比

单位:%

	1983	1985	1987	1989	1991	1993
学　费	68.36	73.22	62.90	71.22	66.44	60.21
购置用品费	30.00	22.73	23.51	23.44	29.95	32.94
其他服务支出	1.64	4.05	13.59	5.35	3.60	6.85

	1995	1997	1999	2001	2003
学　费	64.67	75.64	57.62	69.03	59.46
购置用品费	26.13	22.03	25.56	20.94	28.83
其他服务支出	9.20	2.33	16.81	10.02	11.90

资料来源　根据实地调研资料计算整理。

6.3.3 农村儿童健康状况

除了农村女童和部分流动儿童失学现象严重以外,农村儿童的健康状况较差,也是一个不容忽视的问题。有研究显示,在一些贫困农村地区,60%以上的儿童出生后没有进行过健康检查,59%的孕产妇没有住院分娩,或没有进行过产前检查和产后访视。农村死亡的5岁以下儿童中有57.3%是死在家中,而其中未接受过任何诊治的就占22.1%(李剑阁 2003)。1995年全国卫生部门的抽样调查资料表明,0~14岁儿童后天致残率在城市为0.31%,农村为0.47%,农村中明显不健康的儿童约占1.5%(董文章,何美丽 2002)。另据中国卫生费用核算小组资料,1997年0~4岁儿童人均医疗费用在城市为355.7元,农村为128.2元,两者之比为2.77;5~14岁儿童人均医疗费用在城市为120.3元,农村为57.5元,两者之比为2.09(黄成礼 2004)。农村贫穷落后的社会面貌导致了这些孩子无论是先天、还是后天的健康状况都很差。

当用儿童生长发育状况来比较时,城乡之间的差异就更为显著。低体重率和生长发育迟缓率是最常用的两个衡量儿童营养状况的指标,在国际上被定为21世纪衡量社会平等的一个标准。其中,低体重率反映了当前的营养状态,而生长发育迟缓、身高不足则是长期慢性营养不良的结果。据中国预防科学院学者进行调查分析,儿童生长迟缓是中国儿童,尤其是农村儿童存在的主要问题,1998年全国农村儿童生长迟缓患病率达22 %,贫困地区农村这一比例更高。2000年我国农村地区儿童低体重发生率和生长发育迟缓发生率分别是城市儿童的4.6倍和7.1倍,贫困农村地区更为严重,分别是城市的6.8倍和10.6倍,已明显高于其他发展中国家。张林秀、辛贤(2000)的研究也证实了这一点,他们的结果表明,贫困地区儿童的营养状况较全国平均水平差很多,特别是体现儿童慢性营养不良的 HAZ 指标要较全国平均水平差 1 倍以上。

表 6-9　中国 5 岁以下儿童营养状况

单位:%

年份	低体重率		生长迟缓率	
	城市	农村	城市	农村
1992	6.5	20.0	11.4	39.8
1998	2.7	12.6	4.1	22.0

资料来源　常素英、陈春明、何武:《1998 年我国儿童体格发育状况》,转引自张车伟:《经济增长、人力资本与不平等》,www.cass.net. 2001。

城乡青少年体质差异也比较明显。从 1995 年的统计资料看,在不同年龄段,农村少年儿童的身高、体重和胸围等各项指标都要低于城市儿童。虽然差距不是特别大,却也足以说明农村儿童因饮食营养等生活条件不如城市,导致他们的身体素质低于城市儿童。

表 6-10　1995 年城乡儿童、青少年身体发育状况对比

单位:厘米,千克

		身高		体重		胸围	
		女	男	女	男	女	男
7 岁	城市	122.7	123.9	22.3	23.4	56.7	58.6
	农村	119.8	120.7	20.8	21.5	55.7	57.4
16 岁	城市	158.7	169.5	50.0	56.8	78.0	82.6
	农村	156.5	166.4	49.1	53.6	77.9	80.7

资料来源　《中国性别统计年鉴 1990-1995》。

在大多数发展中国家,儿童的健康水平可以说是衡量整个人口健康状况的一个很重要的指标,主要出于以下两个原因:第一,儿童阶段是人一生中发育的重要阶段。一个人在童年时期的营养状况会极大地关系到成年后的身高和体重,进而影响到他们在学习和劳动上的表现。大量研究已证明,3 岁之前的营养状况对今后身高有决定性影响,它已经被很多国际组织用来衡量一个国家或地区的长期营养状况①。还有研究认为,孩子 4 岁时的体重是预测其成年后体重的重要指标。第二,儿童阶段最易受营养不良等各种疾病的影响。儿童身体发育不良不仅将使他们的智力发育受损,而且还增加了他们成年后罹患冠心病、高血压等慢性病的危险。可以说,儿童健康状况的改善既意味着食物消费结构、营养状况的改善,又意味着社会经济的发展(张林秀,辛贤　2000)。

儿童的健康水平不仅直接关系到他们日后的身体发育,还能够通过影响他们成年后的劳动生产率而影响到其未来的工资收益。来自发达国家和不发达国家的资料已经证明,婴儿在最初几年中的健康和营养状况,可以决定儿童是否能够很好地担负起学习及日后的生活任务。它不仅影响儿童在学校期间的学习,而且影响个人应变能力以及从这种改变中社会和个人在就业方面得到的收益。例如,早期的营养不良和疾病会对儿童的读、写、数学运算及清晰而有条理的思维产生不良影响,限制他体力和智力的成长,同样也会影响他获得或保持某种工作的可能性(就业条件),造成他工作效率低下(托达罗　1988)。

根据前面的研究,在农村孩子的养育成本中,医疗保健费用本来就为数不多,其中绝大部分又是用于治疗各种疾病的,用于保健

---

① 蔡昉:《2001 年中国人口问题报告——教育、健康与经济增长》,北京,社会科学文献出版社,2001 年。

方面的支出是很少的(见表6－11),母亲孕(产)期的体检费用更是非常少,相当一部分农村妇女及婴儿连最基本的健康检查都没有进行;再者,从生活费用来看,儿童成长过程中几乎没有特别的营养补助,即使是母亲在怀孕期间,饮食条件都没有明显的改善,这些都是引起婴幼儿身体素质差、营养不良的直接原因。当然,问题的根源还在于农村社会、经济条件落后,而导致农户家庭收入低、生活水平差。

表6-11 1983~2003年医疗保健费用各部分构成比例对比

单位:%

	1983	1985	1987	1989	1991	1993
治疗费	83.01	92.52	85.06	83.63	83.04	88.73
防疫保健费	16.99	7.48	14.94	16.37	16.96	11.27
	1995	1997	1999	2001	2003	
治疗费	87.32	90.06	74.79	87.39	77.65	
防疫保健费	12.68	9.94	25.21	12.61	22.35	

资料来源 根据实地调研资料计算整理。

通过以上分析可知,现阶段我国农村儿童人力资本存量很低,投资结构也不尽合理,这将对劳动者未来的发展产生极为不利的影响。而要提高农村儿童人力资本水平,就必须加大对其人力资本的投入,并努力改善投资结构。

6.4

人力资本的代际转移

由于人力资本投资的自身特性,投资主体与收益主体有时不一致,例如父母对子女的投资往往是子女受益。但对人的投资与对物的投资不同,它较多地受一个社会、一个民族的文化传统影响,人力资本投资主体在进行投资决策时还要考虑经济利益之外的众多因素。

父母对子女的大量投资,往往受到责任感约束和生物规律支配,所以这种投资—收益的不对称性一般不会引起投入的减少(在投入能力允许的情况下)。虽然在家庭作生育决策时,会或多或少地考虑到生育和抚养孩子的成本及收益,并进行比较①,但一旦有了孩子,他们一般就不会因自己得不到投资的未来收益而减少或放弃对孩子的人力资本投资。相反,像在我国这样的东方古国,受传统观念的影响,父母通常会尽其所能地为孩子成长提供各种条件②。

人力资本的私人收益和社会收益,不仅限于所有者本人这一代,对于下一代,甚至下几代都可能有所惠及,这种现象被称为人

① 详见第七章内容。

② 当然,按照贝克尔的观点,家庭中存在着利他主义,孩子的福利会对父母的福利产生影响。父母在对孩子投资时,会因孩子福利的增加而得到心理上的满足,从而自己的效用或福利水平也会提高。但更深层次的问题超过了本研究范围,在此不作进一步讨论。

力资本收益的代际效应[1]。一般来说,父母的人力资本层次越高,存量越大,越容易掌握生命知识和育儿技能,有利于生产出更健康、更聪明的孩子,他们更注重和更有能力增加对子女的人力资本投资。并且高素质的父母还会于无意识中对子女的思想意识和兴趣爱好产生正面的、积极的影响,有利于扩大子女的未来选择空间,增加子女的预期收益(王建民 2001)。

父母的文化水平与对孩子的投资有较强的正相关关系,这一点在前面的分析中已得到证实。许多文献也都就此进行了讨论,研究结果表明,教育特别是母亲的教育水平对儿童健康状况有着非常重要的影响作用。女性的教育程度决定了其家务管理效率和家庭经济与发展的统筹规划能力。文化水平高的母亲掌握的营养知识较多,能够制定有效的健康食品组合方案,用有限的食物资源更好地抚育子女,并且教育水平高的妇女还可以增加农户收入,这也有助于提高孩子营养水平[2]。

王丽敏(2003)的研究显示,因受过更好教育的母亲可以预防儿童疾病,降低死亡的发生,母亲受过教育的孩子和母亲是文盲的孩子相比,5 岁前死亡的可能性低很多,而且教育对健康的影响随着教育的增加而增加。更有意义的结果是,控制家庭的受教育程度,在邻居有受过更多教育的母亲的环境中生活的儿童,或就学环境更好的儿童的死亡风险更低,而一个生活在邻居缺乏教育的环

---

① 卢卡斯将经济增长归于人力资本的溢出效应,并提出以下两点:第一,每个家庭对儿童人力资本的投资都对社会人力资本平均水平有贡献。一般均衡的增长轨迹使每个家庭都“预期”到社会平均人力资本将要达到的高度,并由此做出相应的私人投资决策。第二,人力资本的私人投资具有收益递增的特点,父母的人力资本水平越高,子女的人力资本生产投入产出率就越高(侯风云 1999)。

② 教育水平高的母亲也有可能花更多的时间到外去就业,在这个意义上说,会减少对儿童的关心照顾。Sehultz(1984)和张林秀、辛贤(2000)的研究都表明了这一点。

境中的孩子更容易死亡或得病。这个发现表明教育,尤其是对妇女的教育具有很强的正的健康外部性。已有大量关于发展中国家的资料可以证明,妇女教育水平的提高对于改善儿童的健康和营养状况具有十分重大的意义①。

除了教育水平外,母亲的健康状况也对后代的成长发育有着深远的影响。对孟加拉国10岁以下儿童的调查发现,在母亲死后两年的家庭,与有母亲的家庭相比,男孩的死亡率高1倍,女孩可能为2倍。提高妇女的教育水平不仅能显著降低婴幼儿的死亡率,还有助于降低生育率,有效地控制人口增长。有研究表明,妇女受教育水平对降低人口出生率的作用是男性受教育水平的3倍,假如妇女在世界上真正发挥了她们的作用,那么全球人口增长率将降低20%。

总之,妇女的人力资本投资对下一代的发展以及整个国民经济的发展都有着无可比拟的作用。越是在贫困地区,女性人力资本的这种优点就越明显。一项从1960~1985年对96个发展中国家的研究表明:增加小学教育对女孩所产生的经济上的影响超过了对男孩的影响。联合国关于《1970~1990年世界妇女状况》报告列举了在马来西亚进行的一项研究:"教育工作在各级工资和生产效率方面的纯收益,女孩和年轻妇女一贯比年轻男孩子高20%,"并强调,"这还不包括减少生育、改善营养和家庭照顾方面

---

① 13个非洲国家在1975~1985年间的数据表明,妇女识字率提高10%,儿童死亡率就会下降10%,而男子识字率的提高对此影响甚微;对25个发展中国家的人口和健康调查表明,若其他条件相同,母亲甚至只要受1~3年的教育,就足以使儿童死亡率下降6%;一项对1970~1995年间发展中国家儿童营养不良状况的研究发现,提高妇女受教育水平对减少儿童营养不良的贡献为43%,在所有因素中影响最大。妇女地位的提高对减少儿童营养不良的贡献为12%,与教育因素综合在一起,对减少这一阶段发展中国家儿童营养不良的贡献超过了一半。

的间接收益。”不但女性人力资本投资的直接经济回报高于男性，女性人力资本还对男性人力资本起着一定的制约作用。一项国际调查显示，有些国家在1965年就几乎实现了男孩的小学教育普及，但女孩的入学率却相差甚远。这些国家1985年的婴儿死亡率与人口出生率为那些教育水平性别差异较少的国家的2倍。该调查报告的结论是：“妇女的教育水平如果无法提高到接近男子的教育水平的程度，由于提高男子的教育水平而取得的社会效益就会被抵消掉”(张抗私 2002)。

“推动摇篮的手是推动世界的手。”提高妇女人力资本水平不但可以改善儿童健康状况、减少婴幼儿死亡率、降低生育率，并且还有利于提高男性的人力资本投资回报率，因此从某种意义上说，“对男子的教育是对一个人的教育，对妇女的教育则意味着对全家的教育”(张抗私 2002)。然而，在我国农村地区，受各种经济和非经济因素的影响，普遍存在着男孩偏好意识，导致了对男女孩子的人力资本投资出现了明显差别，男孩的抚养费用约高出女孩抚养费用的20%。这种对女性的性别歧视，将导致农村妇女素质的相对低下，妇女素质的高低直接影响着她们的就业条件、经济收入及社会地位，并进一步影响对下一代的人力资本投资。所以说，提高妇女教育水平和社会地位，应从消除性别歧视、加强女童人力资本投资做起。由于人力资本的代际转移效应，当这些受过教育的儿童最终成为父母(母亲)时，他们会更有能力控制生育行为，并将更多的资源用于孩子的人力资本投资(明塞尔 1993)。如此下去，就能从根本上实现人口质量的提高。

6.5

本章小结

人力资本积累对于提高劳动者的生产效率,促进国民经济发展有着重要的意义。从我国农村的实际情况看,劳动力素质低是不可忽视的客观事实,无论是体力还是智力方面,无论是现有的劳动者还是潜在的劳动者,其质量都远远低于城市以及其他发达国家和地区。随着城市化的推进,农村劳动力将逐渐成为未来经济建设的主力军,劳动力低素质将严重制约整个经济的发展和社会的进步,因此,提高农村人力资本水平刻不容缓。根据人力资本理论,儿童时期人力资本投资状况将对其成年后人力资本存量具有决定性的意义,进而对劳动者生产效率的高低产生重要影响。所以说,要改变农村劳动力素质低下的状况,应从改善农村儿童人力资本投资开始。

通过本章分析,我们发现,农村儿童的受教育水平和健康状况都比较差,女孩的人力资本存量还要低于男孩。为了提高人力资本积累,必须加大对儿童人力资本投资的力度,并改善投资结构。另外考虑到人力资本代际转移效应,以及当前农村妇女素质低下的现状,本章认为,尤其要加强对女孩的人力资本投资,这样可以从根本上改善农村人口质量。

7

农村劳动力再生产成本与农村生育率

人口的生育行为主要取决于两个方面，即宏观社会经济条件和微观家庭生育决策。宏观社会经济条件对人口生育行为和生育率的影响是通过家庭生育决策与生育行为的改变而得以实现的（黄乾 1999）。微观家庭生育行为是决定生育水平的基础，而宏观社会经济条件则通过计划生育政策、文化传统、风俗习惯等对家庭生育行为进行控制或渗透。本章主要目的是从微观角度研究农户生育行为的变化并进行经济上的解释，因此本章首先分析农户的生育行为，接着介绍家庭对孩子需求的相关经济理论，最后把两者结合起来,解释农户的生育行为。

7.1

我国农户生育行为的分析

7.1.1 对孩子的数量需求

自20世纪70年代实行计划生育政策以来,我国人口总和生育率已由5.8下降到1.8左右①,有效地控制了人口的过快增长,实现了人口再生产类型由高出生率、高死亡率、高自然增长率向低出生率、低死亡率、低自然增长率的历史性转变,进入到世界低生育水平国家行列。

尽管妇女生育水平已降至较低水平,但由于人口基数过大和人口增长惯性的双重影响,今后一个时期我国人口仍将保持"低增长率、高增长量"的发展态势②。而且,目前低生育率还处于不稳定状态,人口依然面临着反弹的压力,尚未形成稳定低生育水平的内在机制。此外,城乡生育率之间仍存在较大的差距,以2003年为例,农村生育率高于全国平均水平6.27个千分点,高于城市生育率17.54个千分点(见表7-2)。可以说,稳定低生育率的工作任重道远。

---

① 总和生育率是指一个妇女按当前某一年度各年龄生育率水平度过一生的可能生育水平或生育孩子数。

② 有预测显示,受第三次全国出生高峰期出生人口逐步进入婚育期的影响,21世纪前20年,中国年均净增人口仍将达800万~1000万人,2020年全国总人口将上升到14.5亿~14.9亿人。见《2004中国人口与劳动问题报告》。

表 7–1　1990~2003 年全国育龄妇女生育率变化对比

单位:‰

	1990	1991	1992	1993	1994	1995	1996
一般生育率	79.53	64.84	60.65	58.11	56.96	49.73	52.24
标准化生育率	79.53	62.96	59.05	57.60	56.12	52.70	55.25
	1997	1998	1999	2000	2001	2002	2003
一般生育率	49.99	48.07	46.11	–	40.97	39.08	38.01
标准化生育率	52.41	52.08	51.43	–	47.99	47.95	49.03

注:一般生育率为年内出生人数与平均育龄妇女人数之比,但它要受到妇女年龄结构的影响;标准化生育率为按 1990 年的年龄别将一般生育率标准化后的生育率。

资料来源　历年《中国人口统计年鉴》。下同。

表 7–2　2003 年全国育龄妇女一般生育率城乡比较

单位:‰

	全国平均	城市	城镇	农村
生育率	38.01	26.74	35.93	44.28

表 7–3　历年全国乡村育龄妇女一般生育率变化状况

单位:‰

	1986	1989	1994	1995	1996	1997
生育率	88.83	80.73	56.96	54.51	57.83	55.79
	1998	1999	2000	2001	2002	2003
生育率	53.63	50.90	40.93	46.30	45.17	44.28

注:1994 年无乡村生育率数据,以全国育龄妇女生育率代替。

虽然近些年来,农村妇女的生育率已经大幅度下降(见表 7－3),但农户对孩子的数量需求仍未达到理想状态。表 7－4 对 20 世纪 80 年代及 90 年代各地家庭对孩子数量的需求情况进行了比较。

表 7–4　孩子数量需求的地区比较

单位:%,个

地　区		孩子数量需求 0	1	2	3+	平均孩子需求个数
厦门(1996)		–	32.29	63.58	4.12	1.74
北京(1980 年代)		–	–	77.00	–	2.10
天津(1985)		–	–	80.00	–	2.10
上海(1984)		–	14.00	50.00	36.00	2.49
北京地区(1990 年代)	无孩	28.40	43.20	24.70	1.20	–
	一孩	8.40	50.50	40.30	0.10	–
	二孩	9.60	37.80	50.40	1.40	–
	三孩	5.60	47.20	39.80	3.70	–
北京海淀区(1993)		1.60	29.80	67.40	1.20	1.68
哈尔滨(1996)		11.89	62.62	25.24	0.03	1.25
四川江阴农村(1992)		–	–	–	–	1.80
浙江温州农村(1994)		–	18.67	66.42	14.91	2.02
湖北农村(1995)		–	2.63	73.88	23.48	–
陕西咸阳农村(1995)		2.80	13.90	83.30	0.00	–

资料来源　转引自叶文振:《孩子需求论:中国孩子的成本和效用》,上海,复旦大学出版社,1998。

总的来看,农村地区对孩子需求的数量稍大些,绝大多数农户希望有 2 个、3 个甚至 3 个以上孩子。相对于城市而言,农村地区生育行为仍存在滞后性,如浙江农村家庭 1994 年平均孩子需求个数为2.02个,大致相当于20世纪80年代北京、天津等城市的家庭平均孩子需求个数。并且这种现象并未随着时间的推移而有所缓解。2003年国家人口计生委“关爱女孩行动”调查和《农村计划生育家庭的养老问题与对策研究》调查数据表明,70%的农村夫妇认为最理想的孩子数为两孩,还有少数人希望生更多的孩子,群众生育意愿与国家生育政策之间的距离依然存在。

7.1.2 对孩子的质量需求

人类对生育行为的选择包括三个方面的内容:性别偏好、时间偏好和数量偏好。它们之间存在着一种内在逻辑,即性别偏好是最重要的,其次是时间偏好和数量偏好。这是因为一般来说,生育主体的性别偏好越强,越趋向于多胎生育,各胎次的时间间隔越短;反之,生育主体的性别偏好越弱,生育的胎次就越少,各胎次的时间间隔也就越长。虽然随着社会经济的发展,我国传统的生育模式正在发生变化,由早生、多生和生男向着晚生、少生、生男生女都一样的方向转变。但由于在男性单系继嗣的父系社会里,家系的绵延要由男子来承担,特别是在落后的农村地区,受传统宗法观念的影响,性别偏好表现得尤为强烈,因此生男成了我国农民生育决策的核心内容,农村社会在一定程度上仍存在不生男孩不罢休的倾向。

相关资料表明,与城市相比,农村地区的男孩偏好现象较强,而且这种偏好受现有子女性别情况的影响非常大(见表7-5)。如果农户现在孩子为女孩,则100%的农户都希望再有一个男孩;若有一子一女,仍有绝大部分家庭希望下一个为男孩;只有当家庭已有两个男孩时,人们的性别偏好才会逐渐减弱,但对男孩的偏好仍强于女孩,当然也有一部分人考虑到性别平衡,希望下一个为女孩。而在厦门市,绝大多数家庭对男孩和女孩持同样的态度,人们的性别偏好根本不太明显。

表 7–5 孩子性别需求的地区比较

单位:%

地区		生育性别偏好			期望孩子性别比
		男	女	男女均可	
厦门(1996)		14.64	11.74	73.62	103.40
哈尔滨(1996)		–	–	–	99.68
湖北农村(1995)	一子	54.30	21.10	24.60	–
	一女	100.00	0.00	0.00	–
	一子一女	88.90	11.80	5.30	–
	二子	44.60	41.70	13.70	–
	二女	100.00	0.00	0.00	–

资料来源　转引自叶文振,《孩子需求论:中国孩子的成本和效用》,上海,复旦大学出版社,1998。

李树茁(1998)又进一步对在有和没有经济刺激两种情况下,已婚妇女按已存活子女的性别准备停止生育的比例和对下一个孩子的性别期望进行了研究。他发现,在经济刺激下,绝大部分已至少有一个男孩的妇女要停止生育。而对于没有男孩的妇女,即使有经济刺激,也只有低于10%的人准备停止生育;若没有经济刺激,没有男孩的妇女都不会停止生育。当然,妇女同样对孩子有性别平衡的要求。几乎所有没有男孩的妇女,都希望下一个孩子是男孩,但是对没有女孩的妇女,60%~90%的妇女希望下一个孩子是女孩。另外,对于已有一个男孩和一个女孩的妇女,42%希望下一个孩子是男孩,而只有14%希望下一个孩子是女孩。这再次说明尽管性别平衡的想法确实存在,但男孩偏好的确更为强烈。总之,男孩偏好和性别平衡在中国农村是妇女多孩需求的重要决定因素。

农村地区的性别偏好除了表现在对孩子的性别期望上，还反映在男女孩子有差别的受教育机会上。当家庭资源有限时，绝大多数农村家庭往往首先保证男孩的就学机会，并因此放弃女孩的受教育机会。父母对子女的教育期望上的这种性别偏见，导致了农村女性的文盲、半文盲率一直大于男性，高居不下(见表 5-8)。据全国第四次人口普查资料，农村 15～19 岁女孩从事经济活动的人口有 3288.13 万人，其参与度比男性高 6.73 个百分点，这种经济活动高参与率正是以非均等的受教育机会为代价的。还有资料表明，54%的农村妇女认为女孩受教育达到小学和初中即可，但对男孩受教育程度 70%以上的妇女认为应在高中以上。在广东农村，认为女孩应受教育在高中以上文化者女性占 56.6%，男性占 56.9%，而认为男孩受教育应在高中以上者女性占 75.8%，男性占 70%，后者比前者平均高出 18 个百分点，上海也存在类似状况(程绍珍 1998)。这种传统的性别教育规范具有极强的传递性，以至许多女孩自身对上学不感兴趣①。

性别与受教育程度作为孩子质量的重要构成要素，两者之间既有一定程度的互补性，也有一定的替代性。不可否认，农村妇女较为普遍的男孩偏好使得孩子教育与性别间的互补性表现得更为突出。但随着社会的发展，目前农村妇女的理想孩子数量、性别结构也发生了一定程度的变化，孩子教育受性别(男孩偏好)及数量“挤压”的现象有所转变，两者的替代性逐渐增强。如牛建林(2002)对河南农村 45 岁以下已婚妇女生育意愿与生育行为的抽

① 中国社会科学院人口所在 1991 年调查显示，山东农村小学文化程度的女性未能继续求学的第一个原因竟是“自己不想上”(占 30.3%)，而这一原因在未能上学的男性中只占 15.6%。当然，经过近 10 多年的发展，这一现象肯定会有所缓解，但它所反映出来的问题仍值得注意。

样调查显示,越来越多的妇女希望子女的受教育程度"越高越好",相当一部分妇女在"一个能上大学的女儿"与"一个在身边劳动的儿子"之间,明确表示更偏好前者,表明孩子教育偏好正在趋向于相对独立与稳定。

我国地域辽阔,人口众多,各地农村的社会经济发展水平差异较大,因此而表现出来的生育行为也不尽一致。较发达地区的生育文化可能会更现代;反之,落后地区则会稍滞后。总的来说,我国农户的生育行为正处于由传统模式向现代模式过渡的阶段,在数量上,生育率明显下降,但仍未达到理想状态;在质量上,对孩子教育水平的期望越来越高,但还存在较强的男孩偏好现象。

7.2

有关家庭对孩子需求的理论

马尔萨斯人口论的主要观点是,除非受到食物和其他"生活资料"有限供给的限制,否则人口就会快速增长。受其影响,达尔文的进化论认为,多产的父母的孩子占其自身一代人中的大部分,其比重高于上代人,如果父母遗传来的"生育力"很强,那么,多产的父母的孙子和曾孙子又构成其自身一代人中的大部分,因为父母多产的孩子也因此多产。从他的自然选择观点看,人口总是受高生育力支配的。然而,西方发达国家的历史和发展中国家的事实已经证明,他们对人口的预言并没有实现。问题的关键就在于他们忽略了人类生活所依赖的社会结构,把人类看成是和其他动物相同的,认为生育是一种自然现象。事实上,人口的消长并不是自然的生物现象,也不是取决于食物的多寡,而是决定于社会结构的性质①。不同性质的社会结构、不同水平的社会生产力对人口素质的要求是不同的，从而培育劳动力的成本也是有差别的。受当时、当地经济条件的影响和制约，人们在作生育决策时必然要考虑到孩子抚养的成本及效用，众多家庭的生育行为叠加在一起，形成了整个社会的生育水平。

1960 年，美国经济学家加里·S. 贝克尔发表了著名论文《生育率的经济分析》，运用西方经济学关于消费行为的理论，对家庭人口的生育行为和决策进行分析，详细论述了子女的成本效用理论和数量质量替代理论，并据此来解释过去几个世纪西方国家和 20 世纪发展中国家生育率的变化，该理论对分析我国农户的生育行为也具有重要意义。

贝克尔把家庭看做由多个人组成的生产单位，不同成员的商品、时间、货币和技能等生产要素的投入会产生联合效用，这些效用主要包括孩子、商品、技艺、健康、声望等家庭产出。家庭行为受货币和时间两个因素的限制，决策的代价要用时间和货币来衡量。当一个家庭的时间和货币为既定时，为了使家庭行为最大化，家庭成员就在户主组织下，对有限的资源进行最合理的配置，从而进行家庭生产。

传统的消费者行为理论假定，某个消费者对于一系列物品（即效用函数）有其特定的喜爱或偏好程度，他总是试图在个人收入约束和有关的价格水平下，从这些物品的消费中取得最大的满足。这个理论对于生育率也是适用的。

假定每个家庭都使其孩子数量的效用函数最大化，花在每个孩子身上的费用称之为孩子的质量 q，其他商品分别是 Z_1，……，Z_m，效用函数可以写成

① 见费孝通：《乡土中国　生育制度》，北京，北京大学出版社，1998。

$$U = U(n, q, Z_1, \cdots\cdots, Z_m) \qquad (1)$$

假如先舍去孩子的质量，只考虑家长对孩子的数量需求，且忽略孩子的年龄、生育时间和出生间隔的生命周期变化。方程可以进一步变为

$$U = U(n, Z) \qquad (Z\text{ 为其他商品的综合})$$

由于孩子是每个家庭利用市场商品、服务和父母的时间，尤其是母亲的时间生产出来的，而每个人的时间成本和每个家庭的生产函数又各不相同，所以各个家庭养育孩子的总成本也不同。用 P_n 表示孩子的总成本，π_z 表示 Z 的成本，那么一个家庭的预算约束是

$$P_n n + \pi_z Z = I \qquad (I\text{ 为家庭总收入})$$

给定 P_n、π_z、I，n 和 Z 的最佳数量就取决于预算约束和日常的边际效用条件：

$$\frac{\partial U}{\partial n} \Big/ \frac{\partial U}{\partial Z} = \frac{MUn}{MZn} = \frac{P_n}{\pi_z}$$

此时，儿童被当做一种特殊的消费品，对孩子的需求取决于孩子的相对价格和家庭总收入，生育率成为消费者（家庭）对儿童需求的合理的经济反馈。

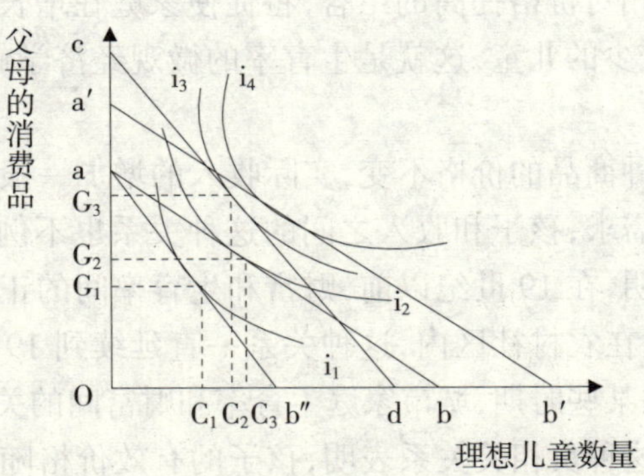

图 7–1 生育率微观经济理论的图示

如图 7－1 所示，家庭理想的儿童数量可通过表示父母对物品和儿童合理组合主观评价的无差异曲线来说明。

其中，横轴表示家庭理想的儿童数量，纵轴表示父母消费物品的数量，i_1、i_2 等为父母通过不同组合的儿童数量和物品消费而得到的无差异曲线，ab、a′b′等直线为受家庭收入约束的预算线。当预算线在 ab 位置时，最佳均衡点为 ab 与 i_2 的切点，它对应的儿童需求和物品需求分别为 C_3 和 G_2。当家庭收入提高时，预算线将向外平移到 a′b′，此时均衡点为 a′b′与 i_4 的切点，家庭将消费更多的商品和抚养更多的儿童，家庭得到更高水平的满足。但当儿童对于其他商品的相对价格提高时，家庭将用更多的商品来代替儿童，若其他要素不变，预算线将旋转到 ab″，此时儿童相对价格的上升将使家庭消费的效用最大化组合出现在更低的无差异曲线 i_1 上，均衡点对应的儿童和物品消费量分别为 C_1 和 G_1。然而，如果家庭收入和儿童的抚养成本同时上升，均衡点将出现在预算线 cd 和 i_3 的切点上，相应的儿童和物品数量为 C_2 和 G_3，在该点，每个家庭将拥有更少的儿童数量。也就是说，低收入家庭的较高生活水平与儿童相对价格提高的结合，将促使家庭在增长其福利的同时，只需要较少的儿童，这就是生育率的微观经济学解释（托达罗 1987）。

如果各种商品的价格不变，实际收入的增加一般都会扩大对不同商品的需求，孩子和收入之间的这种关系也不例外。各国的历史资料表明，在 19 世纪以前，财富和生育率间的正相关关系都存在，特别是在农村社区内，这种关系一直延续到 19 世纪末。但在 19 世纪的某些时期，城市家庭生育率和财富间的关系有时会变成负相关。这种负相关关系表明，孩子的有效价格随着收入的提高而提高。其中，有母亲时间价值增加的原因，但一个更重要的原因是孩子数量和质量的相互替代作用。

在上面分析家庭对孩子和其他商品的需求时,我们忽略了孩子的质量。事实上,孩子的质量也是家庭利用各成员的时间和市场物品生产出来的,如方程(1)所示,每个家庭对孩子质量的需求各不相同,并且家庭对孩子质量的选择也将影响到家庭的总体效用水平。假定同一个家庭里每一个孩子的质量都相同,p_c 是一个质量单位的不变成本,q 是每个孩子的总质量,p_cqn 是花在孩子身上的总量,那么,预算约束是

$$p_cqn+\pi_zZ=I$$

则均衡条件为

$$\frac{\partial U}{\partial n}=MUn=\lambda p_cq=\lambda\pi_n$$

$$\frac{\partial U}{\partial q}=MUq=\lambda p_cn=\lambda\pi_q$$

$$\frac{\partial Z}{\partial n}=MUz=\lambda P_z$$

n 和 q 的相对影子价格是 π_n 和 π_q(每个相对影子价格都取决于 p_c,即一个质量单位的成本)。求解方程得到 n、q、z 的均衡值,作为这些影子价格和收入的函数:

$$n=d_n(\pi_n,\pi_q,\pi_z,R)$$

$$q=d_q(\pi_n,\pi_q,\pi_z,R)$$

$$Z=d_z(\pi_n,\pi_q,\pi_z,R)$$

这里的影子收入 R 等于花在不同商品上影子的总和。这些需求函数有一般的替代和收入效应,假设其他影子价格和影子收入不变,n、q 或 Z 的影子价格的提高就会减少需求的固有数量。这些需求函数分别通过影子价格 π_q 和 π_n 而依赖于 n 和 q 的数量,甚至会通过影子收入而依赖于 n 和 q 的相互影响。

n 和 q 的互相影响意味着，预算曲线不是一条直线而是一条凸向原点的曲线，如图 7－2 中 ab 和 cd 所示。U_0 和 U_1 则是 n 和 q 之间的凸面无差异曲线（不考虑 Z 或假设 Z 不变），代表预算方程。只有当无差异曲线的曲率大于预算曲线的曲率时，均衡状态才处于内部一个点上（如 e_0 和 e_1 点）。这是因为，当 n 和 q 的替代性较大时，无差异曲线的曲率较小，因而只有当 n 和 q 不高度替代时，内在均衡才是可能的。

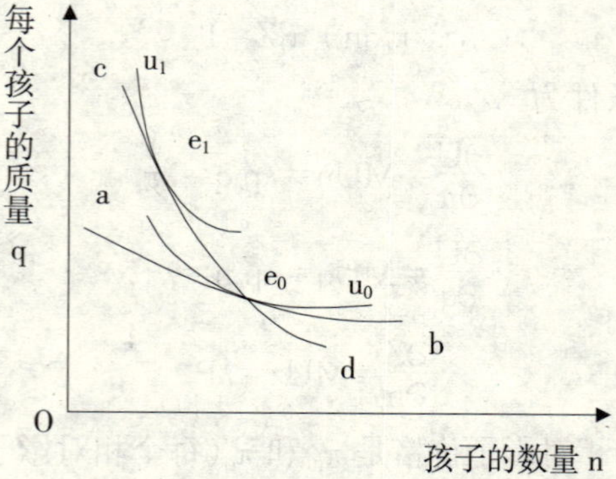

图 7–2　家庭中孩子数量和质量的相互影响

在依赖于“市场”价格和收入的需求函数中，二者的相互影响更为明显。

如果 p_c、π_z 和 I 不变，那么 n 的外生增加就会提高 q、π_q 的影子价格，从而减少对 q 的需求。由于 n 的影子价格取决于 q，所以 q 的减少会降低 n 的影子价格，进而增加对 n 的需求。但这又会进一步提高 π_q、降低 q，进而降低 π_n、提高 n，如此等等，直到建立一种新的均衡状态为止。如果 n 和 q 的相互影响十分强烈，那么，即使外生 n（或 q）的微小增加，也会引起 q（或 n）的大幅度下降。

在效用函数中,这种相互影响取决于n和q的互相替代。

由于在大多数情况下,子女被认为是一种耐用消费品,可为父母提供“效用”,因此还可以运用关于耐用消费品的需求理论框架来分析子女的需求。同汽车、房屋等其他耐用消费品类似,任一家庭所选择的子女质量取决于偏好、收入及价格。在高收入家庭,购买的东西质量更好,数量也更多,因此,收入的增加可能既增加子女数量,又增加子女质量。一般来说,同质量的收入弹性相比,数量的收入弹性通常较小,所以家庭增加的子女支出的绝大部分包含子女质量的提高。

至于在实际观察中,能够负担更多孩子的高收入家庭却有较少的孩子,贝克尔认为,这是因为高收入家庭倾向于需求高质量的孩子(包括教育等方面),这反过来就使孩子的价格变得更加昂贵,也就是说,高质量的价格效应超过了收入效应,从而最终导致孩子数量的减少。在家庭资源既定的条件下,对孩子质量需求的增加必将导致减少对孩子数量的需求;反之,对数量需求的增加也会降低对质量的需求。这就是贝克尔的家庭经济理论对孩子需求及数量质量相互替代关系的解释。其主要贡献在于,它解决了一直困扰在人们心中的一个问题,即随着家庭收入的提高,为什么没有出现马尔萨斯所预期的生育率上升(即“马尔萨斯效应”),反而出现了生育率下降?答案就是,收入的提高产生了孩子质量对数量的“替代效应”(黄乾 1999)。

需要特别指出的是,由于子女不能在市场上买卖,所以每个家庭必须自己生养子女,孩子数量不仅取决于家庭对他们的需求,也取决于生育或抚养他们的能力,所以实际生育力和期望生育力可能会存在一定的差异。这也是子女生产的每一种不确定性(如性别)都会造成消费的相应不确定性的原因。

7.3 孩子成本和效用的比较：对农户生育行为的解释

由于东、西方社会的文化传统和价值观念存在很大差异，发达国家与发展中国家的经济发展水平也各不相同，因此上述对孩子需求的理论分析在我国的运用会受到一定的局限。但即便如此，其基本原理仍可为我们的分析提供很好的思路。以下将这一理论放在中国特殊的文化、经济国情背景之下，对我国农户的生育行为进行解释。

7.3.1 孩子质量对数量的替代①

从1986年到2003年，我国农户一般生育率从88.83‰降低到44.28‰，下降了44.55个千分点，降幅过半。从微观角度看，导致农户生育率大幅度降低的原因主要有二②：一是生产力的发展，对劳动者素质提出了更高的要求，进而导致了孩子质量对数量的替代；二是由于孩子质量的上升使得孩子抚养成本明显增加，而孩子效用又随着社会的发展而渐趋下降，抑制了家庭对孩子的需

① 这里所说的质量是指孩子的教育、健康等素质，它不包括孩子的性别差异。

② 当然，农村生育率的下降还有另一个重要的原因，即我国于20世纪70年代开始实行的计划生育政策。但它是国家宏观调控的一种手段，涉及经济、政治、文化等多方面的问题。且它对农户的作用主要体现于对超生户的经济处罚，以此增加农民生养孩子的经济成本，从而刺激农户减少生育。关于孩子成本对生育率影响的更多分析见7.3.2。

求。

社会生产的发展取决于两个因素:一个是劳动力的多少,另一个是劳动生产率的高低。与之相对应,生产力发展对劳动力的需求也表现为数量需求和质量需求两个方面。从长期来看,社会发展的总趋势,主要是依靠劳动生产率的提高,而不是依靠劳动人口的不断增加。

人类社会发展的历史表明,当社会生产力水平极其低下时,农业生产主要靠劳动者的体力来完成,此时,人口就是生产的动力,生产的发展主要决定于劳动力数量的增加,从而也主要决定于人口的增加。在这样的经济结构中,对劳动力数量的需求是非常大的,为了维持生产劳作的需要,农村里不得不养着大量的人口(费孝通 1998)。因为农业耕种技术含量低,对劳动者的质量几乎没有什么要求,所以,这时农户家庭在进行生育决策时,主要是满足孩子的数量需求。

而且,当社会贫穷落后时,卫生、医疗各方面的条件都较为恶劣,死亡率尤其是婴儿的夭折率也很高,当婴孩的存活率低时,只有保持较高的生育率,才能保证一定数量的儿童成长为新生劳动力,以维持社会结构的容量。因此,在我国农村地区,上个世纪50、60年代,一个家庭中有四、五个孩子,甚至更多,是很常见的事情。当时农业生产实行的是集体劳动,只要有足够的体力支撑,就能从事较多的劳动;家庭中拥有劳动力的数量越多,家庭收入也就越高。

随着经济的发展,科技进步使得资本的有机构成不断提高,等量劳动所需的劳动力越来越少,劳动生产率的提高导致对劳动力的数量需求逐渐减少,对劳动力的质量需求却越来越大。农业生产日益现代化,手工劳动不再占主导地位,复杂的农业技术和农业机械装备需要有一定文化知识和科学技能的人才能掌握,培育劳动力过程中要求的投资增多。这时,在给定家庭有限的资源条件下,孩子的数量与质量间的矛盾开始出现。另外,因高素质的劳动者能创造出较高的劳动生产率,使得农业方面人力资本收益率也提高了,在这种经济结构中,农民家庭也会产生一种用孩子质量去替换孩子数量的追加动机,农村生育率逐渐下降。并且,随着社会的进步,人们生活水平逐渐提高,医疗卫生、营养保健等条件不断改善,带来婴幼儿死亡率的下降,也会减少人们对孩子数量的需求①,孩子数量的减少增加了每个孩子可利用的家庭资源,提高了孩子质量,而孩子质量的提高反过来又进一步减少对孩子数量的需求。同时,预期寿命的增加构成了一种对于投资的延长的"支付期",这将诱使家庭对于孩子质量和更大的未来挣得能力进行投资。

所以,从发展趋势上看,越来越多的农村家庭不再单纯地追求孩子的数量,转而将家庭主要的精力投向提高孩子的智力和健康水平,也不必为了保证足够的存活子女数而多多生育。

7.3.2 孩子成本和效用的对比

除了质量数量替代的作用外,孩子成本效用变化是导致农村生育率降低的另一个重要原因。

---

① 发达国家的历史和发展中国家的当前经验证实了儿童死亡率下降和其后的生育率下降之间存在着密切联系。而且为使出生率比死亡率下降得更快,经济增长和普及教育的追加刺激是必不可少的。一个关于拉丁美洲国家在1965~1975年这十年间的变化分析显示,出生率的下降与死亡率的下降正相关,但是,只是在那些其经济增长率在这10年中高于平均水平并且其人口中年龄在5~14岁之间的人入学比例显著高于在开始时的平均水平的国家,才有出生率比死亡率下降得更快。已有研究表明,在人均收入增长率为2%时,为导致家庭规模的缩小,学校入学率必须至少达到80%。当收入增长率为3%时,最低的入学率是60%。

莱宾斯坦认为对于家庭来讲,抚养孩子的成本包括直接的经济成本和间接的机会成本,而孩子对家庭内部的效用则包括消费效用、劳动经济效用、保险效用、经济风险效用、长期维持家庭地位的效用和对扩展型家庭做贡献的效用等几个方面。

罗丽艳(2003)以此为基础,提出其成本还应包括生育和抚养孩子期间(母亲的)生理成本和心理成本,并增加了生命延续和情感寄托两种效用。

以下就这几个方面对农村孩子的成本和效用分别进行分析。

在传统、落后的农业社会里,人们的总体消费水平普遍很低,用于抚育孩子的生活费用更少。而且,许多孩子根本不上学或上很少的学,教育费用很少,用于医疗保健的支出也是微乎其微,劳动力的生产成本相当低下。

另一方面,在农村,每个家庭就是一个生产单位,许多孩子在很小的时候就从事农业生产劳动或帮助大人做家务,能够为家庭的生产做出贡献,经济效用较大。这种成本效用比造成了当时农村较高的生育率。

据《世界发展报告》,尼泊尔农村孩子 6～8 岁每天工作 3～4 小时,印尼孩子一天工作 8～10 小时,孟加拉孩子工作时间更长。E.M.金和 R.E.伊文森在关于菲律宾农村地区的研究中发现,这些地区的孩子间接提供 20%的家庭收入和约 1/3 的家庭产出。在贫困地区,孩子甚至成为家庭中一种重要的劳动力资源。

然而,随着经济的发展,社会生产日益现代化,低素质的劳动力越来越不适应生产发展的要求,为了适应生产力发展对劳动力素质的需要,家庭必须为孩子提供更好的学习和生活条件,抚养孩子占用的时间越来越多，家庭负担加重，孩子的抚养成本越来越高①。

同时，由于孩子在校时间延长，劳动的时间就相应减少，对生产所做的贡献越来越小，其劳动的经济意义会逐渐减少。而且，在边际效用递减规律的作用下，当家庭收入增加时，新增孩子所带来的边际效用会逐渐降低。孩子成本的上升和效用的下降引起儿童的经济价值发生了很大的变化，使父母不愿养更多的孩子，农村生育率因此降低。这一点在我们的研究中得到了充分的证实，许多农村父母感叹抚育孩子的艰难，认为"孩子的花销占据家庭全部支出的一大半"，"养一两个孩子还可以，如果再像以前那样一家有好几个孩子，真是供不起了。"

另外，除了经济上的成本之外，生育和抚养孩子还要承担相当的生理成本和心理成本，而社会的发展又使得孩子对家庭的保障作用逐渐减弱，父母从孩子身上得到的各种非经济效用明显下降，这也是促使生育率下降的原因之一。这在文化程度差异较大的群体中表现出显著的差别。

未受过教育或受过很少教育的妇女常常受传统观念的影响较深，传统的婚育文化观念要求妇女婚后，在一个封闭式的家庭中生活，妻子在家庭中扮演两重角色：一是家庭主妇角色，承担从事家务劳动者的职能；二是生儿育女的角色，承担传宗接代的生育者的职能，因而至少要生一个男孩。在我国落后的农村地区，这种思想仍然占有相当的地位。而受过较多教育的妇女，对其自身价值和孩子期望价值观念都有很大的不同，更容易摆脱传统婚育观念的束缚。她们对自身价值有更多、更新的要求，追求发挥个人才能，

---

① 根据本研究，在农村，2003年养育一个孩子的费用相当于20年前养6个孩子的费用。

积极参与社会、政治、经济、文化等活动，希望在各方面获得发展和提高；同时，她们对孩子的依赖性减弱，从孩子身上得到的效用也有所下降。而生育和抚养孩子必然要耗费她们大量的时间和精力，表现为生理成本和心理成本的增加，这就使得她们倾向于少育节育①。而且，有知识有文化的妇女，比没有受过应有教育的妇女获得有关社会和避孕的信息量要大得多，在家庭中地位也要高些，她们更有能力按照自己的意愿控制生育水平。从这个角度看，农村妇女教育程度的提高也是导致这些年来农户生育率下降的原因之一。

孩子成本和效用的这种对比还可以用来解释城乡生育率的差距。相比之下，农户对孩子投资比城市家庭要少得多，农村孩子比城市孩子要"便宜"。而孩子对家庭的经济等各种贡献却是农村比城市多，因为在农村，孩子很小就能干农活或做家务，而在城市不到一定年龄的孩子是不外出参加工作的，为家庭创造的经济效用很小。正如诺特斯坦指出的那样："城市生活使家庭在生产、消费、娱乐和教育方面失去了很多作用。在工厂工作中，个人要依靠自己的才能。年轻人的新的流动性和城市生活，减少了家庭和社会所能施加的传统行为的压力。在技术迅速发展的时期，需要有新的技能，个人上升的新机会也增多了。教育和合理的观点日益重要起来。结果养育儿童的费用增加了，而儿童的经济贡献的可能性下降了。"（刘铮　1984）城市和农村孩子成本和效用的巨大反差，使得农村家庭规模普遍大于城市，农村生育率大于城市生育率。但长此下去，可能会出现人口的"逆淘汰"现象，对我国将来的

---

① 智利、菲律宾、台湾和泰国的统计资料表明，妇女较多的非家务就业机会，总是与较低的生育率水平联系在一起。

发展是十分不利的①。除了家庭内部的成本和效用外,对他人和社会来说,孩子还会产生外部成本和效用。首先,孩子会产生自然成本和社会成本等外部成本。任何社会,无论贫富,或多或少都存在一定的社会福利。虽然目前我国农村社会还比较落后,农户生养孩子的经济成本中绝大部分由家庭自己承担,但政府仍要为孩子提供一定的教育、医疗卫生条件和其他服务,这些公共开支需要社会统筹,它构成了孩子的社会成本。此外,每一个新增孩子都会

---

① 中国"人口素质逆淘汰"问题引起注意大约是在20世纪80年代中后期,正值"独生子女"政策在全国得到普遍推广之时。所谓"人口素质逆淘汰",是考虑到城市经济社会发展水平和人口文化素质均高于农村地区,城乡间生育率的差别将导致中国大部分人口生长在经济文化相对落后的农村,由此引起低素质人口在总人口中的比重不断上升和总人口素质的下降。除了城乡不均衡外,性别失衡也会导致人口智力水平下降;此外,父母文化差异也是引起不均衡的因素:文化层次越高的夫妇生育越少,越是缺少教育的夫妇越想生育。这几大不均衡不仅影响人口总量的控制,更对人口素质会产生严重的影响。人口学界对此问题主要有三种观点:第一种观点明确提出了"人口素质逆淘汰"的警告,该观点的代表人陈剑强调了三点:①总体人口素质逆淘汰现象应当引起关注;②人口控制是缩小而不是扩大了总体人口素质的逆淘汰;③由身体遗传素质的差异所引发的逆淘汰则与人口控制有关。第二种观点认为"人口素质逆淘汰"的看法站不住脚,甚至是错误有害的一种认识。其代表人周星冀认为:逆淘汰现象宏观是假、局部是真,断言中国发生了逆淘汰现象,至少是轻率的。因为无论人们如何谈论"逆淘汰"或"不利的选择",到时都会发现这不过是一场虚惊,民族的血管中仍保留着"足够多的好东西"。第三种观点则认为,从全局看,"人口素质逆淘汰"不是一个事实,而是一场虚惊。穆光宗的看法主要是:①从结构的角度讨论人口素质问题时,最需要关注的是不同素质发展水平的人群或者说带有特定质量标识的人口各自所占比重的变化。因此,在理论上的确有一个人口发展是"正淘汰"(优胜劣汰)还是"逆淘汰"(劣胜优汰)的问题;②"逆淘汰"现象在一定范围一定程度上是存在的,所谓人口逆淘汰可界定为低素质的亚人口群规模不断扩大或者在总人口中的比重不断上升的趋势;③在研究"逆淘汰"时,不应忽视"正淘汰",两者最好结合起来研究,因为人口素质的发展水平必然是正负两种淘汰力此消彼长的结果,也是正反两种社会选择机制动态平衡的产物。见《中国"人口素质逆淘汰"问题的三种主要观点》,重庆人口网,2003年8月7日;《警惕人口的"逆淘汰"》,cqcb.com,2004年5月25日。

减少人均资源占有量,加重自然的负担,这就是孩子的自然成本。尤其是像我国这样的人口大国,资源短缺、环境恶化已经成为人们生存和经济发展的制约,新增孩子的外部成本是一个不容忽视的问题。其次,孩子还将对社会产生创造需求效用和为社会提供服务的效用等两种外部效用。创造需求效用是指孩子在成长过程中对各种物质产品和各类服务的需求。前者包括衣、食、住、行等生活资料,药物等医疗保健用品,文具、书籍等教育用品;后者包括教育、医疗、旅游、保险等各类服务项目。为社会提供服务的效用是指孩子长大后参加的社区服务、义务劳动,以及以提前就业方式为社会提供的服务。但这种效用受劳动者自身素质的制约,有很大的不确定性。而且,在当前我国强大的就业压力下,如果劳动者没有合适的就业岗位,不但很难为社会提供有价值的服务,相反还可能成为社会的负担(罗丽艳 2003)。从我国农村的现状来看,一方面,经济发展水平还不高,自然资源相对不足;另一方面,人口众多,就业压力大。这些因素综合在一起,导致了边际孩子较大的外部成本和较低的外部效用,因此社会要求的生育率水平较低,这也是引起许多发展中国家家庭的意愿生育率与社会要求的生育率存在着不同程度差异的原因。

7.3.3 对男孩偏好现象的解释

对于农村普遍存在的男孩偏好现象,也可以用经济学的理论来进行解释。在贝克尔的孩子质量数量替代模型中,没有考虑男女孩子效用的差异或者说他认为男女孩效用是相等的,因此在该模型中家庭不存在明显的性别偏好,偏好只是用于说明父母对孩子与其他耐用消费品的选择,以及对孩子数量与孩子质量的选择,并且得出结论,父母对孩子质量的偏好大于对孩子数量的偏好(黄乾 1999)。

贝克尔模型对孩子效用、性别偏好的处理符合西方发达国家的现实。但从我国的实际情况看，性别偏好仍十分强烈，男女孩子的效用差别较为明显，尤其是在农村，这种现象更为严重。首先，在劳动经济效用上，男孩的经济价值要高于女孩。目前在我国，大部分农村地区还是传统的农业生产方式，由于不同性别在生理上的差异，重体力劳动的主要承担者仍然是男性，女性只能从事一些辅助性劳动，男孩创造的经济效益大于女孩。另外，在现有的条件下，社会保障体系还不完善，“养儿防老”的陈旧观念仍然根深蒂固，儿子和女儿的经济价值效用对父母有着十分重要的意义，特别是在农村地区。按照中国传统的婚嫁习俗，女性的经济角色被认定为“另外一个家族的劳动力”，女儿出嫁后，一般很少再对“娘家”给予经济贡献，她们可以不再担负或很少负担对生身父母的养老责任，而理所当然由儿子养老。其次，男孩的保险效用和经济风险效用大于女孩。妇随夫居仍是中国农村目前婚后的主要居住方式，男孩不会因结婚而远离父母，虽然有与父母“分家”的现象，但儿子仍然会住在父母的附近，甚至不分开居住，只是家庭的田地、财产、饮食分开，他们仍是父母养老的主要提供者。许多农民只有有了儿子心里才踏实，是因为他们认为当家庭出现经济等方面的变故时，只有依靠儿子才行，女儿总是别人家的人，儿子才是自家人。再次，在维持家庭地位的效用和对扩展型家庭做贡献的效用方面，男孩要超过女孩。目前在我国，农民的素质还比较低，村民的法律观念、法律意识淡薄，再加上国家相关制度本身的不健全，家庭和家族中的矛盾和纠纷还不能、也不可能完全按照法律程序来解决。因此，家庭人口的多少、特别是男性人口的多少对冲突的解决有着很大的影响，男孩更能给家庭带来安全感（王家荣 2002）。此外，男孩“传宗接代”的效用也能满足父母精神上的需求。已有资料表明，在农村，绝大多数家庭把传宗接代和养儿防老作为生养孩子的主要目的，而且越贫穷农户，越看重孩子的传宗接代（见表 7－6）。在男性单系继嗣的社会中，男孩发挥着生命延续的作用，其传宗接代效用自然要高于女孩，也正因此，许多农民把毕生的希望和情感都寄托在了儿子身上，“男尊女卑、重男轻女”的思想在农户中仍占据主导地位。

表 7–6　生养孩子目的的地区比较

单位：%

地区	生养孩子的主要目的									
	传宗接代	养儿防老	增加家庭收入	增加家庭乐趣	增强家庭势力	承续家业	尽社会义务	增进夫妻关系	感情需要	其他
厦门(1996)	42.76	31.53	9.09	82.98	10.98	22.11	45.17	29.40	74.68	5.11
陕西农村（1996）	43.30	47.80	4.50	18.00	–	–	–	–	–	2.90
浙江农村（1994）										
400~999 元	86.20	12.10	–	–	–	–	1.70	–	0.00	–
1000~2499 元	68.50	7.30	–	–	–	–	22.00	–	2.40	–
2500~8000 元	51.40	11.40	–	–	–	–	22.90	–	5.70	–
湖南农村（1990）	32.27	41.36	–	–	0.91	–	–	9.09	–	1.82

资料来源　转引自叶文振：《孩子需求论：中国孩子的成本和效用》，上海，复旦大学出版社，1998。

总之，在当前社会条件下，男孩的经济和非经济效用远远大于女孩，使得农户对子女的性别形成了特定期望，对男孩的偏好过于强烈，在家庭资源有限时，往往倾向于先投资男孩，造成男女孩子的人力资本差异，进而导致农村女性劳动力的低素质，并影响到下一代的培育。要想改变这种状况，需从完善农村社会保障体系、健全法律制度、转变农民传统观念等多方面做起。

以上分别从孩子成本和效用对比的角度分析了农户生育率下降、城乡生育率差异、居民意愿生育率与社会要求生育率差距、农村的男孩偏好等现象。孩子的成本和效用是影响人们生育行为的主要原因①,但除此之外,生育行为还要受当地传统文化、风俗习惯、人的价值观等非经济因素的影响。而且,在落后的农村地区,人们甚至在选择生育孩子的过程中,并没有很清晰的“成本”和“收益”概念。另外,在家本位文化背景下的生育决策中,生育有时不可能完全由经济利益来解释。例如,在传统的农村大家庭中,核心家庭的生育决策往往要受到家庭其他成员以及农村社区周围环境的影响和制约,甚至即使在家庭内部,女性的生育行为仍过多地受到丈夫的约束和控制,不能自主进行决策,这些主、客观因素都会影响农户的生育行为。

7.4

劳动力价值、人力资本和生育率三者关系分析

本书在前面几章中,分别阐释了农村劳动力再生产成本与劳动力价值、劳动者人力资本、农村生育率之间的关系。从更深层次上分析,可以看到,这三者并不是彼此孤立的,它们相互影响、相互

① 当然,孩子抚养成本中的绝大部分是发生在生育决策进行之后的,孩子实际发生的成本和预期成本是不同的,因此,看起来孩子成本和生育决策似乎是无关的。但由于年轻一代可以从年老的一代以及周围人群的生育决策中受到影响,且孩子的抚养成本和效用是呈规律性变化的,所以从长期来看,农户的生育率还是要受孩子成本和效用的影响和制约。

联系，共同作用于经济的增长，同时又受到经济发展的制约。

7.4.1 劳动力价值与人力资本的关系

(1)人力资本对劳动力要素增值的作用力。舒尔茨把旨在提高人口素质的各种投资都看成是生产性投资，他认为，人力资本的投资主要有四个方面：一是用于教育和职业训练的费用；二是用于医疗保健的费用；三是用于为寻找更好的职业而进行流动和迁移的费用；四是用于从国外迁入的移民的费用。由于人力资本具有可变性和可投资性的特征，所以它同其他生产资本一样，作为一种生产要素具有投入和产出的比例关系，对人力资本进行投资，可以促进劳动力要素的价值增值，提高其劳动生产率，进而对经济增长产生重要的影响。

第一，关于智力资本的投资。美国经济学家明塞尔通过借鉴亚当·斯密的“补偿原理”，建立了人力资本投资的收益率模型，该模型用参加培训(或接受教育)的年数表示人力投资量，因而进行人力投资便意味着挣得的延迟，在均衡的条件下，将要求具有不同人力投资量的个人的终生挣得流的贴现值均相等。所以，一个人的工资是与他的人力资本存量规模成比例的，在任何阶段上的挣得水平都依赖于截止到那一时点上所积累起来的人力资本的规模及其利用情况。人力投资量越大的人其年收入便越高，这种挣得上的不均等是对于人力资本投资在收益上的补偿。而工资水平的高低又是劳动者价值大小的标志，劳动者用于教育和职业培训的费用越多，其人力资本存量也就越多，劳动力价值也就越大。因此说，在一个运行良好的劳动力市场上，个人的收益函数是由其人力资本的水平决定的(都阳 2001)。

教育水平的提高还可以增强劳动者处理经济条件变化的能力，使之能迅速准确地对经济条件的变化做出反应，重新配置自己的资源,改变自己的生活方式,为劳动者提供更多的选择机会,这也是增加劳动者预期收益的一种途径。

第二,关于健康资本的投资。人力资本理论把每个人的健康状况都当做一种资本的储备,即健康资本,并认为其作用是提供健康服务。健康资本所提供的服务由"健康时间",或者说是可以用来进行工作、消费的时间,以及各种闲暇活动的"无病时间"所组成。在人的素质既定情况下,人力资本可表现为从事劳动的总人数及劳动力市场上的总工作时间。较好的健康状况和寿命的延长使人们从事生产劳动的时间更长,意味着更长久的职业生涯、更强的体力劳动能力,还使"生病时间"减少,转而导致了生产劳动中每个人的劳动生产率的提高。

健康资本存储的质量,一部分是先天获得的,一部分是后天获得的。由于人力资本的依附性和时效性特征,随着时间的流逝,健康资本储备会逐渐贬值,而且越到人的生命后期这种贬值的速度就越快。要获得和保持这种资本就必须付出相应的成本,其中包括抚养照料年幼的孩子、营养、衣着、住房、医疗保健,以及自我照管所需付出的成本。通过这些投资,既能够改善人口的健康状况,提高人口的预期寿命,同时还可以降低婴幼儿的死亡率。人口的预期寿命是决定是否值得进行各种类型的人力资本投资,以及这类资本存量的价值的重要因素。预期寿命的延长所附加的效用大大提高了个人收入的价值。因为教育是对未来收益的投资,较长的人口寿命提供了额外的刺激,促使人们去接受更多的教育和在职培训,父母们增加了对其子女的投资,所有对人力资本所做的投资都变得更有价值。

第三,关于劳动力流动的投资。人力资本投资不仅包括对劳动者的体力和智力的直接投资,还应包括劳动力流动方面的投资。使一个人从所从事的一项工作转到另一项更好的工作的成本可以作为对做出这种转移的人的一种投资。劳动力为了寻找更好的职业而进行流动和迁移，在我国主要表现为农村劳动力向城市转移(大多数为跨省、县的流动)，它也是人力资本投资的一种方式，将在各方面促进农村人力资本的积累，提高劳动力价值。根据刘易斯-费-拉尼斯模型，只要非农产业能够支付一个高于农业的实际工资，且其差额能补偿城市较高的生活费用和外出的心理成本，农村劳动力就会有向城市转移的动力。托达罗的预期模型也认为，农村劳动力是否向城市转移，是依据预期收入能否达到最大化的目标做出的决策。多年来，我国农村劳动力外出打工基本上呈逐年递增的趋势，尤其是近几年流动总量一直保持在较大规模，足以说明这些劳动力外出可以获得相对于在家务农来说较高的工资收入，实现其自身的价值。许多事实也可以证明这一点。

除了提高现金收入之外，农村劳动力流动对提高其自身价值的作用还表现为其他方面。农村劳动力在向异地流动，尤其是向生产力水平更高的地区迁移的过程中，边干边学，掌握了大量生产技能，了解了更多市场信息，生活适应能力和生产经营能力都得到了提高。另外，对于劳动力自身来讲，进城就业的经历相当于是一个再社会化的过程，对农民的价值观念和行为模式都将产生重大的影响。

总之，劳动者从出生到成长为一个能够适应工作的劳动力，需要一定的投资，这就形成了劳动力的人力资本。作为一种资本形式，个人及社会对其所进行的投资都必然会产生收益，这种收益表现为劳动者时间价值的提高和挣得能力的增强。这就是人力资本对劳动力要素价值增值的作用。

(2)劳动力要素增值对人力资本的反作用力。人力资本投资会提高劳动力价值；另一方面，劳动力价值增值也将对人力资本投资产生较强的反作用力。劳动力的价值或价格提高将会促进劳动者对人力资本的投资,从而增加人力资本的积累;反之,劳动力价格低廉将会抑制对人力资本的投资。

第一,劳动力价值提高会刺激人力资本投资。劳动力价值是由生产和再生产劳动力的成本构成的,人力资本的总投资涉及获得和保持这些资本所必须付出的成本,为了维持和恢复劳动能力,必须及时进行人力资本的投资,而且为了提高未来劳动力的素质,还要加大对下一代人力资本的投入。要满足这一要求,一要有投资的能力,二要有投资的意识。

家庭是人力资本投资的主体,是否具有对人力资本进行投资的能力关键在于家庭收入的多少,家庭收入又是由家庭的现有劳动力挣得的。在劳动力市场上,劳动者通过出卖劳动力换取工资,再购买消费品来维持生活。一般来说,劳动力价值增加会导致劳动力实际工资的提高,而劳动者工资水平的上升又将提高家庭收入,并相应地增加家庭用于生产和再生产劳动力的支出,增加人力资本的存量。

另外,人们思想意识的转变也在很大程度上影响家庭的投资决策,人的思想观念在很大程度上又受制于他的教育水平、人生阅历等等。在通常情况下,素质较高的人群会更重视人力资本投资。例如,文化程度高的父母会更深刻地认识到知识的重要性,会更加重视对子女的教育和培养;会了解更多的营养知识,膳食结构更为合理;思想观念更加先进,注重医疗保健、防疫卫生工作的开展,并积极参与休闲娱乐活动,这些都为人们的身心健康提供了良好、有力的保障,在一定程度上增加了人力资本的存量。

第二,劳动力价格降低会抑制人力资本投资。从国际比较来看,我国劳动力价格水平普遍偏低。劳动力价格低廉可能会暂时提高我国产品在国际市场上的竞争力,但从长远看,这一现象会带来许多负面的影响,最主要的一点就是会抑制对人力资本的投资。

价值规律表明,如果某种商品的价值不能完全实现,即价格低于价值,生产这种商品的生产部门的资本就会向外转移,转向价格高于价值的部门。劳动者对人力资本所做的投资也是遵循这一客观规律的。如果劳动力价格过低,不能实现劳动力的价值,不能对其成本进行补偿,劳动者对其自身及下一代的人力资本投入就会减少,造成劳动力素质下降。而劳动力素质下降,又进一步导致工资水平降低,从而形成一种恶性循环。缪尔达尔著名的不发达国家循环和累积因果论就是基于低生活水平和低水平的劳动生产率之间的这种相互作用,它本身既是不发达的基本表现形式,又是造成不发达的因素,这在第三世界国家中是自我强化的社会、经济现象(托达罗 1988)。

从实际情况看,我国农村劳动力价格相当低,未能补偿其成本的增加,劳动力价值的实现没有得到保障,可能会导致人力资本投资收益率下降,阻碍对人力资本的投资,这对未来经济和社会的发展是极其不利的。

正是由于劳动力价格和人力资本之间具有这样密切的关系,在确定劳动者的报酬时,必须充分考虑人力资本的投资回报,以利于调动人力资本投资的积极性,培养更多高素质的劳动力。

7.4.2 生育率和劳动力价值、人力资本间的关系

(1)劳动力价值与生育率的关系。劳动力价值与生育率的关系主要体现于劳动力价值的提高有利于降低生育率。虽然劳动力价值的提高使得家庭收入增加,可能有能力抚养更多的孩子,但根据已有资料,高收入家庭往往倾向于选择较少的孩子,其中一个重要原因就是父母,尤其是母亲时间价值的提高。

随着社会的进步,越来越多的妇女走向社会,从事有报酬的活动,特别是女性教育水平的提高,使得她们的时间价值增大。而养

育孩子作为一种时间密集型的活动，却要求父母、主要是母亲在孩子成长过程中付出较多的时间和精力。这就意味着如果选择生育更多的孩子，就要放弃更多的就业机会，承担更多的机会成本，因此孩子成本的提高减少了人们的生育意愿。而且，文化水平高的父母更倾向于追求自身的发展和完善，对自己的价值实现要求较高，当他们个人发展与生养孩子相矛盾时，就极有可能减少生育数量或推迟生育时间。反之，如果劳动力价值低，人们从事家务劳动和照料孩子的时间就相对充裕，抚养孩子的误工成本也很小，他们就不会积极控制生育率，甚至还会增加生育率。

(2)生育率与人力资本的关系。人力资本与生育率间的关系更多地表现为生育率高低对人力资本积累多少的影响。由孩子的质量数量替代理论可知，家庭孩子数量的多少是影响家庭对每个孩子质量进行投资的重要变量。生育率高，孩子多，对每个孩子的教育和医疗保健方面的投资就少；反之，生育率低，孩子少，可用于每个孩子的投资就多，劳动力的质量就有保证。前者即贝克尔所说的“低收入陷阱”，这种状态在我国农村，尤其是贫困地区的农村极易发生。当经济不发达，社会生产力水平落后，农民收入很低时，对于孩子数量的需求较大，人们倾向于依靠多生、生男来完成体力性的农业劳动。在有限的家庭条件下，孩子越多，每个孩子得到的投资就越少，对孩子的投资少导致人力资本积累进一步恶化。政府歧视性的公共教育和医疗卫生投资政策更是加剧了这一矛盾。

从宏观角度看，社会生育率的下降也有助于整个社会人口质量的改善。例如，生育率的稳步下降使政府能节省从前用来维持人口增长所需的资金，转而投向于增进劳动者的教育水平和医疗卫生条件，进而提高劳动力的质量。如果节省下来的资金用来提高第二代人的教育水准，并且使接受这种教育的“合格人才”在总人口所占比重提高,那么,若干年后当他们成长为新生劳动力时,整个劳动者队伍的“质量”就会提高。如果节省下来的资金用于医疗卫生服务,那将提高包括劳动力在内的全部人口的健康水平(乌·琼斯·加文 1982)。

总之,人力资本、劳动力价值和生育率三者具有十分密切的关系(见图 7-3)。其中,劳动力价值与人力资本相互间具有正向作用,劳动力价值的提高可以增强人力资本存量,人力资本投资又可以提升劳动力的价值;而劳动力价值的提高有助于进一步降低生育率;生育率的下降又有利于增加人力资本的积累。

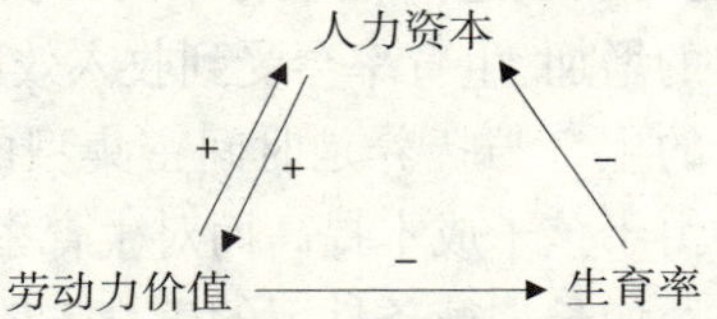

图 7-3 劳动力价值、人力资本与生育率关系示意图

7.4.3 人力资本的关键性作用

对人力资本进行投资能够提高劳动力的价值,继而降低生育率水平,生育率的降低又可进一步增加人力资本的积累,促进国民经济的增长。可以说,人力资本是落后国家发展经济的关键性因素。

(1)人力资本投资与经济增长。贝克尔、墨菲和塔玛拉于 20 世纪 90 年代建立了一个“两部门模型”,该模型把贝克尔关于孩子数量与质量关系分析的微观模型扩展到生育率下降与人力资本投资关系的宏观模型,并且在此基础上不仅把人口数量纳入经济增长模型(如马尔萨斯模型和新古典增长模型),而且还把人口质量(人力资本)也纳入了经济增长模型。他们利用当前一代人的生育率与其未来消费贴现率之间的关系(高生育率将会提高未来消费的贴现率),巧妙地把生育率作为经济增长的内生变量纳入经济增长模型,深入分析了生育率下降和人力资本积累对于发展中国家经济摆脱不发达稳定状态的关键作用。

贝克尔等人认为,生育率作为影响经济发展的内生因素可能导致两种稳定状态:其一是高生育率、低人力资本存量的马尔萨斯稳定状态;其二是低生育率水平、高人力资本和物质资本存量的发达的稳定状态。而人力资本的初始水平以及相应的生产率和物质资本的存量决定着一个国家经济发展的方向是走向发达,还是陷于贫困。人力资本投资不仅会改变物质资本投资需求和物质资本边际生产率,而且还可以创造降低生育率的必要条件。即随着人力资本和物质资本的增加,生育率会受到收入效应的刺激(马尔萨斯假设),但因孩子的生育与抚养是时间密集型的活动,较高的工资率可以产生一种由于孩子成本提高而对生育率的替代效应限制(反马尔萨斯假设)。增长均衡条件下的生育率要低于在不发达均衡条件下的生育率水平,因为在前一种情况下,替代效应一般会占主导地位。事实上也是富国的生育率要大大低于穷国的生育率。因此,人力资本投资对于发展中国家而言是一举数得的事情。它一方面可以提高一个国家的经济能力;另一方面又可以提高一个国家的人口质量,同时还可以促进生育率下降。如果说人口增长和经济停滞是目前许多发展中国家所面临的两难困境,那么人力资本投资将是解决这个两难问题的双刃之剑(李建民 1999)。这一结论对我国农村当前的发展具有特别重要的意义。

(2)创造有利于人力资本投资的外部环境。对于不发达国家来说,人口的迅速增长的确是发展的严重障碍,这种障碍不仅表现在对物质资本积累的不利影响上,而且也表现在对人力资本积累的不利影响上。但是生育率的下降并不是获得经济发展的充分条件,在生育率下降与经济增长之间还有一些必不可少的中介因素,其中最为关键的因素就是人力资本。生育率下降能否刺激人力资本投资和积累是一个国家或经济取得成功发展的决定性的条件。要使两者间的这种关系得以实现,必须具备相应的社会和经济环境(李建民 1999)。

第一,改革分配制度,完善劳动力市场,提高人力资本投资回报。由于一个人的人力资本投资回报与其原有的知识正相关,因此,在理论上,人力资本投资的收益率要高于物质资本投资的收益率;并且,追加人力资本投资不仅不会降低收益率,相反还会提高报酬率。但要想实现人力资本投资的高收益,首要条件是能保证高素质的劳动者获得高收入。劳动力是一种重要的生产要素,在同等条件下,他所拥有的人力资本存量越高,就越能够提供较高的劳动生产率,所创造的物质财富也就越多。依照按要素分配的原则,高水平的劳动者应得到高的劳动回报。只有这样,才能刺激人们更多地投资于人力资本。

然而在现实中,受多种因素的影响,经常出现劳动者价值与人力资本积累相脱钩的情况,比如前些年的"脑体倒挂"现象。虽然近年来,这种状况已得到有效缓解,但在某些地区、某些行业和部门,还存在不合理的收入差距,甚至一部分人通过非法手段获得高收入,这些都将抑制劳动者进行人力资本投资。而且,由于劳动力市场的不完善,劳动力地区间、部门间的流动还存在许多障碍,劳动力价格和成本间的关系没有理顺,部分劳动者价值不能实现。因此,应采取各种措施,改革不合理的分配制度,健全劳动力市场,使得劳动者个人收入主要取决于其人力资本含量多少和劳动生产率高低,在全社会形成高素质劳动力—高生产效率—高收入—高人力资本投资—高素质劳动力的良性循环。

第二,发展教育和培训,提供医疗卫生条件,创造人力资本投资机会。要加大劳动力人力资本投资的力度,除了以人力资本的高收益率刺激人们多投资外，还要在客观上创造更多的投资机会，营造良好的投资环境。人力资本投资包括对人的教育培训、医疗保健等多方面。从我国农村的现状看，首先，要加大教育投资，普及九年义务教育，提高青少年入学率，不但在数量上而且要在质量上提高农村教育水平。此外，还要大力发展职业教育和成人教育，改善教育结构，改革教育体制。其次，改善农村的医疗卫生条件，加强对医药卫生部门的监管，杜绝滥收费，提高服务质量，减少并消除贫困地区有病看不起的现象。通过向农民提供更多、更好的教育和卫生服务，为加大人力资本投资奠定基础。

只有营造一个有利的环境，才能刺激人们对人力资本投资的积极性，引导父母加大对孩子的培育成本；而为了培养高质量的孩子，人们就会自觉减少生育率，这样就能够顺利地实现孩子质量对数量的替代；当高质量的孩子成长为第二代劳动力时，他们就会创造更高的劳动效率，从而促进整个经济的快速增长。

7.5 本章小结

人口再生产理论认为，人类自身的生产决定于物质资料的生产，在不同的社会生产方式下，人口的生产决定于该社会生产方式对人口的经济需求，归根到底决定于生产力发展对劳动力的需求，这种关系最明显地表现在：生产力的发展水平决定人口再生产的类型。从这个意义上说，经济的发展和社会的进步是农户生育行为变化的根源。一定社会的生育观念和行为，主要是由当时所处的生产力发展水平和经济条件决定的。即使是在同一时期，处于生产力或社会经济不同层次的地区或家庭之间，由于在人口生产中的成本与效用各不相同，因而在人口生产上的决策也存在较大差别。

本章利用家庭经济理论中关于对孩子需求的基本理论，对农户生育行为进行了解释。得出结论，近年来农户生育率大幅度下降的原因主要在于抚养孩子成本的上升和效用的降低；城乡间生育率差别的存在是因城市孩子的抚养成本大于农村，而农村孩子的效用却大于城市；至于农户意愿生育率与政府要求生育率的差别则是由于生养孩子的外部性引起的；农村社会现状决定的男孩效用大于女孩，导致了农村中普遍存在的男孩偏好现象。

最后，本章还就劳动力价值、人力资本积累与生育率三者关系进行了初步探讨。在它们相互影响的过程中，人力资本起着关键性作用，人力资本投资的多少对劳动者的价值有重要影响，同时它又是联系生育率和经济增长的桥梁和纽带，是一个国家经济发展和社会进步的关键因素。

8

结论及政策建议

8.1

本书主要研究结论

通过以上各章的分析，本书对农村劳动力再生产成本及其相关的影响和意义进行了详尽的研究。可以基本得出结论，经过改革以来20多年的变化，农村劳动力再生产成本的总量有了明显提高，结构也得以优化，但同城市相比，我国农村劳动力再生产成本的水平仍比较低。受社会发展水平、家庭经济条件等因素的影响，不同地区、不同时期、甚至不同家庭之间劳动力再生产的成本都有着很大的差别。

此外,农村劳动力再生产成本的变动还对劳动力的价格、农村人力资本积累的水平和农村生育率有着重要的影响。农村劳动力的低成本和劳动力市场的供过于求是导致农民工低工资的主要原因;劳动力价格低廉又会抑制劳动者对自身及下一代的人力资本投资,这将对未来劳动者的素质产生极为不利的影响;另外,孩子养育成本的高低还直接关系到农户家庭的生育行为。因此,为了提高劳动力价值,增强农村人力资本积累,必须加大劳动力培育的成本,这也有助于降低农村生育率,最终实现经济的发展和社会的进步。

具体如下:

(1)农村劳动力再生产成本包括生活费用、文教娱乐费用、医疗保健费用和工时费用等四个部分。从现状看,相对于农户家庭收入水平和人均消费支出而言,抚育孩子的费用总量是比较高的;其中大部分用来支付孩子的生活费用,剩余部分依次为文教娱乐费用、医疗保健费用和工时费用。在孩子成长的过程中,各个不同年龄段的总成本并未出现太大差别,其中生活费在各年龄段相差不多;文教娱乐费用因不同的学龄而呈现规律性变化,但基本上是增长的;医疗保健费用和工时费则随着孩子年龄的增长而下降。此外,同城市儿童相比,农村孩子的抚养费总量仍然很低,结构上存在一定的差距,当前在农村抚养 3 个孩子的费用加起来还不够 1996 年在城市养育 1 个孩子的成本。

(2)从纵向上看,1983～2003 年,农村劳动力再生产成本的总量大幅度提高,结构也明显优化。剔除物价因素的影响,2003 年的成本额为 1983 年的 6.13 倍,年均增长速度约为 9.49%,远远超过了农民人均纯收入和人均生活消费支出的增速。在结构上,虽然各部分的绝对值都随着时间的推移逐渐增加,但它们在总成本中的构成却呈现不同的变化规律,生活费比重渐趋下降,文教娱乐费、医疗保健费和工时费的比重却是上升的,文教娱乐费上升的幅度最大,工时费上升的幅度最小。可以说,劳动力再生产成本的变动主要是因生活费用的大幅度下降和文教娱乐费用的大幅度上升造成的。

(3)家庭特征和孩子自身特征的不同都影响着孩子抚育成本的变化。大体上,家庭收入和父母文化程度对成本有较强的正向影响,独生子女、男孩的成本要大于非独生子女、女孩的成本。家庭收入对孩子成本的影响主要体现于工时费用、文教娱乐费用和医疗保健费用,为了改善孩子投资状况,需要提高农民收入水平和受教育程度。此外,因不同地区的社会经济发展水平不同,各地孩子抚育成本也存在一定程度的差异。

(4)农村劳动力的低成本和劳动力市场供过于求两者共同导致了农村劳动力价格的低廉。劳动力市场供求不均衡表现在总量的供过于求和结构分割两种状态。劳动力供给过剩的局面在短期内是无法改变的。劳动力市场分割一是由于城乡分割的二元社会体制造成的,二是因农村劳动力素质过低导致的。从长期看,劳动力价格低廉并非竞争优势,因而需要提升劳动力价值。

(5)儿童人力资本投资对其成年后的人力资本存量及生产率有重要影响。从现状看,我国农村劳动力人力资本水平很低,为了提高劳动者素质,需从加大对未成年劳动力投资做起。通过对目前我国农村儿童的教育水平和健康状况进行分析,我们发现,儿童人力资本存量很低,家庭对其投资的结构也不尽合理,这将对农村人力资本积累产生不利的影响。而且,人力资本具有代际转移效应,为了提高孩子的人力资本水平,需提高父母、尤其是母亲的文化程度和健康水平。

(6)随着社会的发展,孩子的抚育成本越来越大,而父母从孩子身上得到的各种经济和非经济效用却越来越小,因此导致了农村生育率近年来的大幅度降低。虽然如此，城乡生育率仍存在一定的差距，主要是由于城市孩子的成本大于农村，提供的效用却少于农村的结果。此外，在培育孩子的过程中，巨大的外部成本和甚微的外部效用使得农户意愿生育率与政府要求生育率之间出现一定程度的差别。农村中的男孩偏好现象则是因男孩的效用大于女孩而引起的。为了降低生育率，需进一步加大孩子抚育成本。

8.2 对策建议

8.2.1 破除二元分割的社会体制，促进城乡劳动力市场的统一

城乡统筹是新时期提出的“五个统筹”之一，要实现城乡在社会、经济、文化等各方面的协调发展，必须打破城乡分割的二元社会体制。二元社会体制包括以户籍制度为核心的就业、养老、医疗、住房、子女就学等一系列相关的制度。虽然随着城市化的推进，户口管制已逐渐放松，但一些大中城市的户籍管理仍然较为严格，外来人口的进入门槛很高。正是因为户口的差异，使得城市的正规就业部门有足够的理由将农村劳动力拒之门外，形成了城乡分割的劳动力市场。劳动力市场的割裂状态使得农村劳动力进城之后只能在非正规部门从事一些“脏、累、险、苦”的工作，劳动报酬很低，如果没有城市户口，即使是农村中一些稍高素质的劳动力也难以从事高收入的职业，导致了农村劳动力价格低廉的局面。劳动力的价值不能实现，将抑制人力资本的投资，不利于经济的长期发展。

因此，应进一步放宽户口管制，为农民提供更多进城就业的机会。同时，做好进城农民工的养老、医疗保险、子女就学等各方面

的工作，给予农民工平等的市民待遇；拆除对本地劳动力市场的“就业壁垒”，将农村劳动力纳入统一的就业轨道上，实现城乡劳动力公平竞争、同工同酬；建立健全市场制度，完善劳动力市场信息网络，做好各项服务，促进城乡统一劳动力市场的形成。

8.2.2 促进农民增收，提高农民素质，转变农民传统观念

农民低收入是造成家庭在劳动力培育过程中投资少的重要原因，为了提高人力资本水平，必须要努力增加农民收入，特别是农户的现金收入。为此，要采取多种措施，广开渠道，为农民增收提供更多的机会，创造更好的条件。例如，加快农业结构调整，积极开展多种经营，促进农业规模经营和产业化经营，为农民生产经营提供更多的信息，以增强务农收入；针对市场需求，强化对农民的技能培训，如建立短期培训班，成人学校等，使更多农民拥有“一技之长”，为他们外出务工提供更多的机会，以增强务工收入，等等。

同时，转变农民传统、落后的思想观念，改变农村中“重男轻女”的封建思想，培养他们“男女平等、生男生女都一样”的意识，有利于降低农户的生育率。

8.2.3 提高妇女地位和文化水平，创造更多的就业机会

母亲在孩子成长过程中，有着特殊重要的意义。提高妇女的文化素质和健康状况，有利于孩子质量的提高，进而提高他们成年后的劳动效率，能够促进经济增长。并且，加强对妇女的职业培训，使她们掌握更多的技能，还能为她们外出就业提供条件，当她们的时间价值提高后，养育孩子的机会成本就会增加，家庭的生育意愿就会相应降低。另外，妇女教育水平的提高和就业机会的增加，有助于提高女性在农村社区及家庭中的社会地位，培养农村妇女的自我意识，帮助她们实现自我价值，同样会降低生育率。

加强对女性人力资本投资的力度,消除性别歧视,要从加大对女孩的抚养成本开始,这不仅有助于降低农村女性的文盲率,还对下一代的培养大有裨益。

8.2.4 完善农村社会保障制度

在农村,“养儿防老”的观念依旧非常盛行,尤其是当前农村社会保障体制不健全的情况下,孩子,特别是男孩就成为父母年老后的主要生活来源和精神依靠,而这恰是导致农村生育率高的重要原因。为了降低生育率,就要减轻父母对孩子的依赖,寻找在提供效用方面可以取代孩子的替代品。社会保障体系就是这样一种方式,它能够在农民年老无劳动能力或遇到重大变故时,为人们提供及时、有效的经济援助或其他服务,抵消孩子的经济和非经济效用。因此,要在农村广泛开展社会保险、养老保险、医疗保险,做好各项社会福利、救助、优抚工作;变传统的“家庭养老”、“土地养老”为家庭保障和社会保障相结合,做到物质保障、货币保障和服务保障相结合,保障生活与扶持生产相配套;在农村社区开办养老院、福利院,保证人们老有所养、病有所治;加大宣传力度,使人们认识到社会保障制度的优越性,并加强管理和监督工作,把农村社保工作落到实处。

通过完善农村社会保障制度,降低孩子在家庭中的效用,减轻农民对男孩的依赖,能够减少农民对孩子的数量需求,使他们把有限的家庭资源用于提高孩子的质量,加大对现有孩子的投资,实现孩子质量对数量的替代。

8.2.5 加大公共投资和社区基础设施建设,改善农村教育、医疗体制

在孩子抚养的过程中,社会的公共投资与家庭投资具有一定

的互补性,公共支出的增多可能会减少家庭投资的相对份额,但并不一定减少家庭支出的绝对值。因为加大公共投资可以适当缓解农户家庭的经济压力,使他们有能力为孩子提供更多、更好的学习和生活条件,有利于提高孩子的消费需求,转变孩子的消费方式,使其由生存型向着发展型转变,为孩子日后进一步发展奠定基础。因此为了改善和提高人口质量,必须要加大对农村地区公共投资的力度。

我国农村现行的教育、医疗体制还有很多不合理之处,如滥收费、服务质量差,等等。一方面,费用过高加重了农户抚养孩子的负担,迫使他们只能将有限的财力花费在缴纳最基本的学费、治疗费上面,无法对孩子的文化娱乐、卫生保健作进一步的投资,甚至还有的贫困地区出现"有书读不起、有病看不起"的现象;另一方面,教育、卫生服务质量的低劣,也不利于孩子成长。所以说,提高医疗卫生、教育等服务和其他基础设施的普及性,可以优化对孩子的投资结构,提高未来劳动者的素质。

社会不平等与收入不平等是同等重要的,改善教育、卫生等公共物品供给的城市偏向政策,为农民提供公正、平等的服务,从长远看,可以通过改善城乡居民人力资本不平等而缩小城乡差距,促进经济、社会的协调发展。

8.3

有待进一步研究的问题

正如本书开始所说明的那样,对劳动力再生产成本进行研究,可以分为家庭和社会两个不同的角度。我们这里所界定的劳动力再生产成本，是指狭义家庭人口投资。而广义的人口投资不但包括家庭投资，还包括社会公共投资，并且公共开支的多少将对家庭投资产生一定的影响。随着社会的不断进步，政府对农村义务教育、医疗卫生以及基础设施建设等各方面的投资力度都将进一步加大，它将引起家庭投资如何变化？而且本书的研究范围是截止到孩子年满 16 周岁的，但如果他们完成初等教育之后，继续接受职业教育或高等教育，将对其自身的培育成本及未来收益产生怎样的影响？这些变化继而又会如何作用于经济和社会的发展？都是需要进一步探讨的问题。

另外，书中关于农村劳动力再生产成本的研究是以河南省资料为依据的，作为我国的农业大省和人口大省，它所反映出来的经济现象具有较强的代表性，据此而展开的分析也具有一定的参考价值。但由于我国幅员辽阔，各地社会、经济发展水平各不相同，不同地区农村之间仍存在较大差距，如果能够在更大范围内作进一步研究，将具有更大的意义。

参考文献

[1]〔澳〕格雷姆·唐纳德·斯诺克斯.2001.家庭在整体经济中的作用——1788～1990澳大利亚长期动态的研究.北京:中国经济出版社

[2]〔德〕卡尔·马克思.1975.资本论.第一卷.北京:人民出版社

[3]〔法〕阿尔弗雷·索维.1983.人口通论(上).北京:商务印书馆

[4]〔美〕M.P.托达罗.1987.第三世界的经济发展(上).北京:中国人民大学出版社

[5]〔美〕阿瑟·刘易斯.1989.二元经济论.北京:北京经济学院出版社

[6]〔美〕加里·S.贝克尔.1998.家庭论.北京:商务印书馆

[7]〔美〕加里·S.贝克尔.2002.人类行为的经济分析.上海:上海人民出版社

[8]〔美〕坎贝尔·R.麦克南等.2004.当代劳动经济学.北京:人民邮电出版社

[9]〔美〕西奥多·W.舒尔茨.2001.报酬递增的源泉.北京:北京大学出版社

[10]〔美〕西奥多·W.舒尔茨.2002.对人进行投资——人口质量经济学.北京:首都经济贸易大学出版社

[11]〔美〕西奥多·W.舒尔茨.1990.论人力资本投资.北京:北京经济学院出版社

[12]〔美〕雅各布·明塞尔.2001.劳动供给研究.北京:中国经济出版社

[13]〔美〕雅各布·明塞尔.2001.人力资本研究.北京:中国经济出版社

[14]〔英〕T.R.马尔萨斯.1992.人口原理.北京:商务印书馆

[15]〔英〕亚·莫·卡尔－桑德斯.1983.人口问题——人类进化研究.北京:商务印书馆

[16]〔英〕亚当·斯密.2001.国民财富的性质和原因的研究.西安:陕西人民出版社

[17]F.阿诺德.1982.孩子的价值与人口政策.见.北京大学经济系人口研究室编.控制人口与发展经济.北京:北京大学出版社

[18]蔡昉,都阳,王美艳.2001.户籍制度与劳动力市场保护.经济研究,(12)

[19]蔡昉,都阳,王美艳.2001.人口转变新阶段与人力资本形成特点.中国人口科学,(2)

[20]蔡昉.1998.二元劳动力市场条件下的就业体制转换.中国社会科学,(2)

[21]陈南.2005.中国抚养孩子成本49万.www.xinhuanet.

com,3－2

[22]陈庆修.2003.中国就业形势评估.科学决策,(10)

[23]陈玉宇,邢春冰.2004.农村工业化以及人力资本在农村劳动力市场中的角色.经济研究,(8)

[24]程绍珍.1998.农业女性化趋势与农村女性人力资本关系的实证研究.郑州大学学报,(5)

[25]邓志旺.1999.农村家庭的人口质量投资行为分析.人口学刊,(5)

[26]董文章,何美丽.2002.我国农村人力资本现状及政策选择.农村经济,(6)

[27]都阳,王美艳.2001.人力资本投资及其对中国地区差距的影响.www.cass.net

[28]都阳,王美艳.2002.认知能力、教育与劳动力的市场绩效——论农村义务教育体制改革的意义.中国农村观察,(1)

[29]都阳.2001.中国贫困地区农户劳动供给研究.北京:华文出版社

[30]樊桦.2001.农村居民健康投资不足的经济学分析.中国农村观察,(6)

[31]樊明.2002.健康经济学——健康对劳动市场表现的影响.北京:社会科学文献出版社

[32]范剑平主编.2001.中国城乡居民消费结构的变化趋势.北京:人民出版社

[33]费孝通.1998.乡土中国 生育制度.北京:北京大学出版社

[34]冯立天,王树新,孟浩涵.1987.新生劳动力培养费用调查研究.中国人口科学,(1)

[35]符钢战.1992.中国:劳动力市场发育的经济分析——从

微观到宏观.上海:上海人民出版社

[36]郭申阳.1985.家庭人口投资及其对人口过程的影响.人口,(1)

[37]国家人口和计划生育委员会.2004.2004 年中国人口与发展国家报告.www.china.com.cn

[38]国务院发展研究中心.2002.剩余劳动力转移的挑战.www.drcnet.com.cn

[39]何炼成.2002.深化对劳动和劳动价值论的研究和认识.北京:经济科学出版社

[40]侯风云.1999.中国人力资本形成及现状.北京:经济科学出版社

[41]胡鞍钢.2004.世界最大的就业战争.www.nfcmag.com

[42]黄成礼.2004.人口因素与卫生费用的关系.人口研究,(3)

[43]黄乾.1999.孩子质量数量替代与持续低生育率.人口学刊,(3)

[44]黄映晖,张正河.2004.农村劳动力再生产成本变动分析——以河南省 552 个农户为例.中国农村观察,(6)

[45]黄映晖,张正河.2005.劳动力城乡统筹的政治经济学分析.中国农业经济评论,(3)

[46]解振明.1997.中国农民生育需求的变化.人口研究,(2)

[47]劳动和社会保障部就业司.2002.1997~1998 年中国农村劳动力就业及流动状况.www.lm.gov.cn,6-7

[48]李毳.2004.城市化过程中农民进城就业问题研究[博士学位论文].北京:中国农业大学

[49]李建民.1999.生育率下降与经济发展内生性要素的形成——兼论中国人力资本投资供给的制度性短缺.人口研究,(3)

[50]李建民.2002.中国劳动力市场多重分割及其对劳动力供求的影响.中国人口科学,(2)

[51]李剑阁.2003.农民就业、农村金融和医疗卫生事业问题的几点意见.载吴敬琏主编.比较.第七辑.北京:中信出版社

[52]李杰,左仁淑.2002.关于人力资本作用的反思——兼论人力资本在西部大开发中的作用.人口研究,(1)

[53]李竞能.1994.中国家庭经济与生育研究在理论上应注意几个问题.人口与经济,(1)

[54]李南,蒋正华.1998.农村生育需求分析.中国人口科学,(6)

[55]李树茁,马库斯,费尔德曼等.1998.中国农村妇女就业与生育行为比较研究.人口与经济,(1)

[56]李伟.2001.教育与健康水平对农户劳动生产率的影响:对中国农村贫困地区的一项研究.市场与人口分析,(5)

[57]李小平.1994.期望孩子交易价格的实证研究及其对进一步控制生育的意义.中国人口科学,(4)

[58]凌宏城等.1986.家庭经济学.北京:经济科学出版社

[59]凌礼月.1996.儿童娱乐消费:寓教于乐中的商机.市场与人口分析,(3)

[60]刘曼.2004.民工荒?技工荒!——谢强华否认广东存在招工难.南方都市报,8-13

[61]刘润葵.2002.中国人工资低是竞争优势吗.中国经济时报,6-21

[62]刘晓昀,Terry Sicular,辛贤.2003.中国农村劳动力非农就业的性别差异.经济学季刊,(4)

[63]刘铮.1984.人口理论问题.北京:中国社会科学出版社

[64]吕红平.1998.论子女成本—效用理论在中国的应用.人

口与经济,(2)

[65]罗丽艳.2003.孩子成本效用的拓展分析及其对中国人口转变的解释.人口研究,(3)

[66]牛建林.2002.农村妇女孩子数量与质量偏好转化现状研究.市场与人口分析,(2)

[67]彭代彦.2003.农业生产要素配置和农产品供给的计量分析.武汉:华中科技大学出版社

[68]邱晓华.2003.2050年中国城镇化率将达70%.www.drcnet.com,10-15

[69]史清华.2001.农户经济活动及行为研究.北京:中国农业出版社

[70]宋小川.2004.无就业增长与非均衡劳工市场动态学.经济研究,(7)

[71]宋玉华.2002.美国新经济研究:经济范式转型与制度演化.北京:人民出版社

[72]苏娜.2001.人口素质的家庭影响因素分析.人口学刊,(4)

[73]苏群.2003.农村女性劳动力流动的实证研究.农业经济问题,(4)

[74]谭琳,阿巴斯.1999.健康:作为一种人力资本投资的研究回顾.人口与经济,(2)

[75]王家荣.2002.中国农村人口控制问题的经济解.人口与经济,(10)

[76]王建民.2001.人力资本生产制度.北京:经济科学出版社

[77]王金营.2001.人力资本与经济增长:理论与实证.北京:中国财政经济出版社

[78]王俊祥.1990.孩子的价值及对孩子数量、素质和性别的

选择.中国人口科学,(2)

[79]王丽敏,张晓波,David Coady.2003.健康不平等及其成因——中国全国儿童健康调查实证研究.经济学季刊,(1)

[80]王燕.1995.男孩偏好对中国生育率的影响.中国人口科学,(4)

[81]魏杰.2000.产权制度的设置必须注重人力资本.经济纵横,(2)

[82]魏众.2004.健康对非农就业及其工资决定的影响.经济研究,(2)

[83]温海池.2000.劳动经济学.天津:南开大学出版社

[84]吴绍田.1998.中国农户投资行为分析.北京:中国农业出版社

[85]肖文韬.2004.户籍制度保护了二元劳动力市场吗.中国农村经济,(3)

[86]辛毅.2003.中国主要农产品的完全生产成本及其对农产品贸易的含义[博士学位论文].北京:中国农业大学

[87]徐倩,谢勇.2004.健康与教育:人力资本投资的比较研究.市场与人口分析,(1)

[88]杨文进.2002.经济学:经济学内容的新探索.北京:中国财政经济出版社

[89]姚先国,赖普清.2004.中国劳资关系的城乡户籍差异.经济研究,(7)

[90]姚先国.2003.关于人力资本的几个基本问题.浙江树人大学学报,(1)

[91]叶文振.1998.孩子需求论:中国孩子的成本和效用.上海:复旦大学出版社

[92]原新.1997.对两种生产理论的再思考.中国人口科学,

(3)

[93]曾湘泉,汪雯.2002.入世后中国技术工人面临的问题与对策.经济理论与经济管理,(12)

[94]张车伟,蔡昉.2002.就业弹性的变化趋势研究.中国工业经济,(5)

[95]张车伟.2001.经济增长、人力资本与不平等.www.cass.net

[96]张车伟.2003.营养、健康与效率——来自中国贫困农村的证据.经济研究,(1)

[97]张纯元.1983.人口经济学.北京:北京大学出版社

[98]张抗私.2002.人力资本投资中性别歧视的经济解析.财经问题研究,(7)

[99]张林秀,辛贤.2000.贫困地区教育与儿童健康.中国农村贫困与扶贫政策研讨会会议材料

[100]张晓波.2003.中国教育和医疗卫生中的不平等问题.经济学季刊,(1)

[101]张正河.2001.农业国的城市化——中国乡村城市化研究.北京:北京出版社

[102]张正河.1988.农业生产要素合理组合初探[硕士学位论文].北京:中国农业大学

[103]赵履宽等.1997.劳动经济学.北京:中国劳动出版社

[104]郑志国.2002.劳动价值论坚持和发展研究.北京:人民出版社

[105]中国人口学会,中国人民大学人口研究所编.1994.刘铮人口论文选.北京:中国人口出版社

[106]周长洪,黄丽华.1996.不同经济收入家庭的农村妇女生育意愿比较分析.人口与经济,(3)

[107]周达.2003.浅谈农村剩余劳动力转移.经济工作导刊,(8)

[108]朱楚珠,张友干.1996.中国咸阳部分农村孩子成本与效益研究.人口与经济,(5)

[109]Alfonso Sousa－ Poza. 2001. The Allocation and Value of Time Assigned to Housework and Child－care: An Analysis for Switzerland. Journal of Population Economics, (14)

[110]Becker, Gary S and Tomes, Nigel. 1976. Child Endowments and the Quantity and Quality of Children. Journal of Economy, 84, part Ⅱ(Aug)

[111]Bulatao, R. A. 1981. Values and Disvalues of Children in Successive Childbearing Decisions. Demography, 18(1)

[112]Dennis N., De Tray. 1980. On the Microeconomics of Family Behavior in Developing Societies. In: Hans P. Binswanger, Robert E. Evenson, Cecilia A. Florencil, Benjamin N. F. White, eds. Rural Household Studies in Asia. Singapore University Press

[113]Dennis N., De Tray. 1973. Child Quality and the Demand for Children. Journal of Political Economy, Mar/Apr, part 2, Vol.81, issue 2

[114]Easterlin, R. A. 1975. An Economic Framework for Fertility Analysis. Studies in Family Planning, (6)

[115]Freedman. R. 1979. Theories of Fertility Decline: a Reappraisal. Social Forces, 58(1)

[116]Harvey Leibenstein. 1975. Economic Theory of Fertility Decline. The Quarterly Journal of Economic, February, No1

[117]Harvey Leibenstein. Socio－economic Fertility Theories and their Relevance to Population Policy. International Labor Re-

view

[118]Janet Hunt－McCool，Dawn M. Bishop. 1998. Health Economics and the Economics of Education：Specialization and Division of Labor. Economics of Education Review，(97)

[119]Leibowitz，Arleen. 1974. Home Investment in Children. In：Theodore W. Schultz，eds. Economics of the Family：Marriage，Children，and Human Capital. Chicago：University of Chicago Press

[120]Longman，Phillip J.，Graham，Amy. 1998. The Cost of Children. U.S. News & World Report，Vol. 124，Issue 12

[121]M. Grossman. 1972. The Demand for Health：A Theoretical and Empirical Investigation. New York：Columbia University Press For Nber

[122]Makhija，Indra. 1977 . The Economic Contribution of Children and its Effects on Fertility and Schooling：Rural India. Ph.D. dissertation. University of Chicago

[123]Peter J. Cunningham. 1990. Medical Care Use and Expenditures for Children across Stage of the Family Life Cycle. Journal of Marriage and the Family，(February)

[124]Piore，M.J. 1970. The Dual Labor Market：theory and application. In：Barringer，R.，Beer，S.H.，Eds. The State and the Poor. Cambridge Mass Winthop

[125]R. E. Evenson，B. Popkin，E. K. Quizon. 1980. Nutrition，Work and Demographic Behaviour. In：Hans P. Binswanger，Robert E. Evenson，Cecilia A. Florencil，Benjamin N. F. White，eds. Rural Household Studies in Asia. Singapore University Press

[126]Ram，Rati and Schultz，Theodore W. 1979. Life Span，

Health, Savings, and Productivity. Economic Development and Cultural Change, 27(April)

[127]Robert E. Evenson, Fertility. 1977. Schooling and the Economic Contribution of Children in Rural India: An Econometric Analysis. Econometrica, Vol.45, (7)

[128]Russell C. Hill, Frank P. Stafford. 1974. The Allocation of Time to Preschool Children and Educational Opportunity. Journal of Human Resources, Vol.9

[129]Theodore W. Schultz. 1973. The Value of Children: An Economic Perspective. Journal of Political Economy, 81(2) Part Ⅱ, S2 - S13, Mar/April

[130]Theodore W. Schultz. 1974. Economics of the Family: Marriage, Children and Human Capital. Chicago: Chicago University Press

[131]Turchi, B.A. 1975. Microeconomic Theories of Fertility: A Critigue. Social Forces, 54(1)

[132]V.R.Fuchs. 1982. Economic Aspects of Health. Chicago: Chicago Press

[133]Valenzuela, Ma. Rebecca. 1999. Costs of Children in Australia Households. Family Matters, Winter, Issue 53

[134]Wills, R.J. 1973. A New Approach to the Economic Theory of Fertility Behavior. Journal of Political Economy, 81(2)

[135]Family cost. 2003. Youth Studies Australia, v.22, n.1

后记

农村劳动力再生产成本是一个较新的研究课题，同时它也是当前的热门话题。现在的农村家庭抚养一个孩子大约需要花费多少钱？劳动力的培育成本近年来呈现怎样的变化状态？其未来的发展趋势如何？这些变化将会产生什么样的影响？无论是学术界的理论工作者，还是实际生活中的为人父母者，都对这些问题极为关注，也正是这些问题激发了我们的研究兴趣。经过几年的不懈努力，我们认真研读了相关的理论著作，查阅了国内外大量的文献资料，多次深入农村开展实地调研，对农村劳动力再生产成本的相关问题进行了系统的研究，得出了一些很有意义的结论，并最终形成本书呈现在读者面前。

本书能够顺利完成，得益于许多领导、专家、学者、同仁和朋友的鼎力相助。中国农业大学经济管理学院许惠渊教授、杨秋林教授、田维明教授、何秀荣教授、李秉龙教授、王秀清教授、何广文教授、辛贤教授、冯开文教授、田志宏教授、刘拥军副教授、林万龙副教授、郭沛副教授，人文与发展学院高启杰教授等诸位老师对本书的写作提出了许多宝贵意见。经济管理学院方芳老师、张瑞海老师、何伟老师、高晓霞老师、李晓白老师在资料收集及研究方面提供了诸多便利。河南财经学院郭军教授等在调研过程中给予了大力支持，谨向各位表示衷心的感谢。

山西经济出版社总编赵建廷先生、编辑李慧平女士为本书的出版做了大量的工作，在此深表谢意。

本书的写作查阅了大量的文献和资料，非常感谢这些文献和资料的作者，他们的工作为本研究提供了有益的启发，在此向为本书提供参考文献的各位作者表示感谢！

感谢所有为本书的写作和出版提供帮助和支持的领导、师长、朋友、同学和亲人！

虽然本书几经修改终于定稿了，但我们对相关问题的研究仍将继续下去。由于水平和条件有限，纰漏之处在所难免，敬请各位读者批评指正。

作　者

2006 年 8 月

图书在版编目（CIP）数据

农村劳动力再生产成本研究／黄映晖，张正河著，太原：山西经济出版社，2006.8
ISBN 7-80636-874-4

Ⅰ. 农… Ⅱ. ①黄… ②张… Ⅲ.农村—劳动力资源—资源开发—研究—中国 Ⅳ. F323.6

中国版本图书馆CIP数据核字（2006）第085918号

农村劳动力再生产成本研究

著　　者：黄映晖　张正河
责任编辑：李慧平
出 版 者：山西经济出版社
地　　址：太原市建设南路15号
邮　　编：030012
电　　话：0351-4922220（发行中心）
　　　　　0351-4922085（综合办）
E-mail：Fxzx@sxskcb.com（发行中心）
　　　　Web@sxskcb.com（信息室）
　　　　jingjshb@sxskcb.com（综合办）
网　　址：www.sxskcb.com
经 销 者：新华书店
承 印 者：山西方略印业有限公司
开　　本：850mm×1168mm　1/32
印　　张：7.25
字　　数：180千字
版　　次：2006年8月第1版
印　　次：2006年8月第1次印刷
定　　价：15.00元